U0870214

必须写下我们

被写作改变的人生

吴越 著

四川人民出版社

图书在版编目（CIP）数据

必须写下我们：被写作改变的人生 / 吴越著. —
成都：四川人民出版社, 2023.6
ISBN 978-7-220-13222-3

Ⅰ. ①必… Ⅱ. ①吴… Ⅲ. ①作家 - 访问记 - 世界 -
现代 Ⅳ. ①K815.6

中国国家版本馆CIP数据核字（2023）第068599号

必须写下我们：被写作改变的人生

吴越 著

出版人	黄立新
责任编辑	王 雪
特约编辑	陈 轩 尹 然
装帧设计	毕梦博
内文排版	吴 磊
责任印制	祝 健
出版发行	四川人民出版社（成都三色路238号）
网 址	http://www.scpph.com
E-mail	scrmcbs@sina.com
新浪微博	@四川人民出版社
微信公众号	四川人民出版社
发行部业务电话	（028）86361653 86361656
防盗版举报电话	（028）86361653
印 刷	四川机投印务有限公司
成品尺寸	125mm × 190mm
印 张	11.75
字 数	180千
版 次	2023年6月第1版
印 次	2023年6月第1次印刷
书 号	ISBN 978-7-220-13222-3
定 价	68.00元

图书策划：活字文化

■版权所有 · 侵权必究
本书若出现印装质量问题，请与我社发行部联系调换
电话：（028）86361656

献给

我的奶奶邹起兰

CONTENTS
目录

序

张新颖

吴越采访阮义忠，一眼看出他越来越接近他多年前“人与土地”系列里的拍摄对象。这样的敏锐，令人印象深刻，我倒是不怎么惊讶，因为认识她快二十年了，感觉这是她随身携带的特质；而且，当她准确、鲜明、坚定地把她的观察和感受描述出来，形成语言，同时又获得语言的支持，这种敏锐似乎更进了一层。

敏锐落在或抽象或实在的问题上，落在具体的人和事上，也落在细节上，甚至物件上。她注意到阮义忠戴的草帽，蔺草手工编织的草帽——他的作品中都带有这种草息；勒克莱齐奥的皮凉鞋，在北京冬天，凉鞋里穿了袜子；一根卡在喉咙里的鱼刺，原本训练有素的江南舌头因为长久的异质经验而丧失了灵动，无法应付它，乃至丧生。这样的关注力和关注点不是什么人都有的，作为对比，我举自己做个例子：几年前参加一个活动，与勒克莱齐奥在一艘长江游轮上过了好几天，还得到他一本签名的小说，可是我现在对他穿什么衣服模模糊糊，更不要说鞋子了。看吴越书里的陈村、苏童、金宇澄，还有一些我熟悉的人，时不时就会碰到新奇的地方，哎，我怎么就没有注意到呢？

吴越说阮义忠是寻找认同与肯定的艺术家，他"为感动而拍摄、为肯定而拍摄"，他说"相机是赞叹的工具"；吴越的采访，大致也是这样吧。采访当然有各种各样的，摄影也是，肯定是一种选择，同时也就意味着拒绝，一个人有能力以肯定的态度、信念来践行，于对象是取上，于自己是上出。

阮义忠又说，一张照片并不是偶然的，那不只是一个影像，是两个陌生人突然因为生命撞在一块擦出火花而变成一张照片。采访也是。看吴越和班宇对话，感觉就是，他们这两个同代人，能说上话，能碰出问题，能触到核心；看吴越写一个理发师，看她记录理发师的口述，我能强烈地感受到，是什么触动了她来做这个采访，她用这个和她很不一样的平凡人的经历来肯定什么。

吴越的硕士论文研究美国驻华记者的非虚构写作，她通过邮件采访彼得·海斯勒，就是写《江城》《寻路中国》和《甲骨文》的何伟，他回答时说过这样的意思：一般西方观察者是一个被设置好的瞭望点——他或她是不会改变的；他或她是一个稳定的框架，不稳定的是中国的情况，或者中国人的情况——这些都是模糊的，易变化的，西方人则占据上风，观察和评论着这一切；但是，何伟自己，却在生活、观察和写作的同时，自身也在经历变化，甚至是被奇妙地改变。我复述这段话不是要讨论“东方主义”之类的问题，而是想借此来说一个好的采访者，他或她不能设定自己是稳固的，而能随时从采访中吸收养分，点滴累积，促成自身生命的丰富和成长。用吴越的话来说，就是“对一个个‘现成的人’的不信任与不满足”——包括对自己这个“现成的人”的不信任不满足，因此才可能发生改变。集中看吴越多年来写下的这些文字，仿佛可以看到一个人的不断扩充、勤勉向上，虽然采访者多是隐身在后面的。

许多年前，我还是一个年轻教师，在课堂上认识了吴越；她毕业后进《文汇报》，做了十几年记者，而我之前也曾在《文汇报》做记者，不过实在是差劲，过了四年即落荒而逃，与她的出类拔萃可成对比；这几年她是《收获》的编辑，写作非虚构，以诚恳和热力、耐心和才华，寻找焕发能量和确认自我、改变自我的方式。眼前的这本集子算是一个阶段、一个方面的小结吧，我欣喜她有这样一个小结。她从许多人那里分享过“硬面包”[1]，我们可以通过她分享他们的“硬面包”，还可以分享她的“硬面包”。

2020年9月7日

1 语出本书《后记：鱼刺》所引阿赫玛托娃诗《站在天堂的白色门口》。“站在天堂的白色门口，/他回头喊了一句：‘我在等候！’/临终前，他在遗言中/留给我善行和贫穷。/当天空透明的时候，/他嗡嗡地振动着羽翅，/看我跟乞讨的人，/怎样把硬面包分享”——《爱：阿赫玛托娃诗选》第86页，乌兰汗译，外国文学出版社1991年9月第一版。

辑一

班宇：故事给我自由

麦客，双雪涛

索南才让：游牧与蹲守

张悦然：雪花落地

陈河：殷墟归来

2020 年 1 月班宇在沈阳，雪后的铁西工人新村。（吴越 摄影）

班宇：故事给我自由

1.

2020年4月6日早上九点，我醒来拿起手机，看到班宇在凌晨三点十分给我发了几个短句，句与句之间显得呼吸艰难。

“老吴。”

“我今天刚知道，《逍遥游》的女主角，就是那个原型。”

“病逝了。”

“没什么事，有点儿睡不着，跟你说一句。”

我回复：“啊。我昨天很早睡。是做肾透析出了问题？谢谢告诉我。”

老班立刻就回了，像是根本没睡：“大概是晚期，然后引起各种并发症吧。”

我岔开话头说：“之前我记得你说她是亲戚的熟人？”

老班：“她爸爸是我姨的同学。昨天我姨来我家里，聊天时提到的。”

我：“就这几天的事？赶上疫情，那后事还得从简。”

老班："每个小区门口都有个喇叭，每天循环播放疫情提醒，其中一句是'红事缓办，白事减半'。我每天出门都想，你咋减？咋控制？后来发现是'简办'，不是减半。"

我年前专程去过一趟沈阳，和老班一起转了两天，也去过他家喝茶，那是一个有着好几栋高楼的威风凛凛的小区，冬天里在单元楼门口挂着厚厚的夹棉门帘，一撩开门帘出来就看见高远夜空里冰粒般的几颗星子。他一说到小区门口，我立刻想起他在楼前那条长长的、疾风劲草的步道上躬身行走的样子。

我们最终不得不绕回来，直面死亡带来的撼动。老班的第二个短篇小说集正是以"逍遥游"为书名的。我说："你后记里该记一笔。"他说："我是想提一下。"

我最后说："她留在文学里了。许玲玲安息。"

两年前的这个时候，刚认识不久，微信里我叫他班宇，他叫我"吴老师"。我们同样在谈论许玲玲，他正在修改《逍遥游》第四稿（其实就稍微动了几个字）。很快稿子定下来即将发在2018年第四期的《收获》"青年作家专号"，不久又被定为头条。我给班宇发消息："如果真有一个许玲玲的话，希望这是人间能够给她的慰藉。"

我所供职的《收获》双月刊每年都推出一期青年

作家专号。1987 年《收获》第五期、第六期“先锋文学专号”被视为这一传统的前身。余华、马原、苏童、格非、叶兆言、孙甘露、洪峰等人的作品通过“先锋文学专号”横空出世。余华曾这样回忆说：“1987 年秋天，我收到第五期的《收获》，打开后看见自己的名字，还看见一些不熟悉的名字。《收获》每期都是名家聚集，这一期突然向读者展示一伙陌生的作者……这一期的《收获》后来被称为‘先锋文学专号’。”（余华：《1987 年：〈收获〉第五期》）

时序转动，青年永恒。以距今最近的五年观，双雪涛、张悦然、孙频、旧海棠、常小琥等新一代作家从“青年作家专号”起步，不仅中短篇，还包括周嘉宁的《密林中》、笛安的《南方有令秧》等长篇小说。

2018 年的“青年作家专号”赶上一个特殊的机遇：格非主持的清华大学创作与研究中心与《收获》联手，邀请部分作者参加于清华园举办的青年作家工作坊。

这年 7 月，我和我责编的三位作者班宇、郭爽、董夏青青在工作坊碰面了。有件事颇可一记：军中作家董夏青青提议我们彼此破除客套，以“老”相称，她率先慨然喊我“老吴”。从此，1983 年出生的我、1984 年出生的郭爽、1986 年出生的班宇和 1987 年出生的董夏青青成了老吴、老郭（有时简称“爽”）、老班和老董。

工作坊中，每个人的作品都要拿出来“过堂”。《逍遥游》获得的大部分是美誉。格非评述为“震撼，迷人，回答了人在极其困难的情况下还有没有欲望的问题”，他还注意到小说中一些看似微末的细节特别准确，“父亲给许玲玲从沈阳去秦皇岛旅游的钱，不多不少，五百元，是一个贫困的父亲刚好拿得出来的、刚好够这样一趟短途旅行的用度，并且因其少但又不是极少而令人心酸”。班宇在“答辩”时说：“这个小说一部分来自亲友的真实讲述，写的过程中受尽折磨，不忍心写。最后写成这个样子，我想表达的是生命状态急迫关头的一种短暂逃逸，同时也想写这么一种人物的状态——你在与人间若即若离的时候，不仅得到了单纯直接的爱，自身也还在努力反馈着爱。”

2018 年下半年，老班以肉眼可见的速度在短时间内广为人知。他原本在豆瓣、微博上就具有超高人气，再叠加上了期刊、媒体、评论的影响力，又因其来自东北沈阳，某种文化、时代与社会的奇观效应隐现其后。2018 年 10 月，他的首部短篇小说集《冬泳》问世即畅销，因一波影视演员的转发而加速“出圈”。2018 年 12 月，第三届《收获》文学排行榜颁奖典礼上，我和老班再次见面时，他已被九位评委票选为短篇小说组榜首。授奖辞曰：“作者就像是从巨大的崩溃中幸存折返的人，他掌握着满手的细节，慢慢陈列一些，又藏起更多。一段翻滚着尘世悲欢的穷游，既看山河风景，也探幽微人心。"

在他即将上台领奖的那一霎，我举起相机给他拍了张照片。"这一刻是成名在即，下一刻就已大红。"我把照片发过去时说。

2019 年是比 2018 年还要红的一年。老班以前写的和正在写的小说被全国多家文学期刊以最快的速度发表。他还成为时尚媒体和诸多文学奖项争相邀请的对象。有一次，我看《智族 GQ》的报道才知道某一夜他就在上海展览中心，在我所在的编辑部走路五分钟可达的地方，但这五分钟恐怕已经是名利场宇宙的外缘。

2019 年 9 月的一个早晨，我和老班讨论完一个新短篇，忽然随口（但其实也是蓄谋已久）问道："一个小说反复谈，和你每天面临的那些新鲜的、复杂的事相比，可能是最单一的事情？"

老班："我觉得……生活没有本质变化，我还在单位跟老吴谈稿子。"

我心里没有设置标准答案，但老班的这个回答堪称优秀。我由此知道他依然是"许玲玲"们的画像者，是替命运暗河中那些嘶哑无声的溺水者放声歌唱的人。

他正在写的那个新短篇就是《夜莺湖》，三个月后发表于 2020 年第一期《收获》。华东师范大学中文系教授黄平评价这是"班宇写得最好的一篇小说"——

“在当代文学中较为罕见地把握住了这种回望关系，将消逝的世界赎回。”（《寓言与忧郁——论作为悲剧的班宇小说》）

2.

来沈阳之前，老班用心良苦反复叮咛要穿厚实一些，零下十几度，不能穿那种薄得像纸似的棉衣。我只好专门添置了一件长到脚踝的新羽绒衣。及至在酒店门口见到他也穿得像个包子，连唯一露出来的脸也冻得白里透红，我失望地说：“怎么你也这么不扛冻？”老班怪叫一声道：“东北人也是人啊！”

在我看来，“东北人也是人”和“东北发生的小说也是小说”一样，是个很明显但又不得不去重新辨析的事实。这几年的话题中，似乎倾向于把东北单独地从一个完整的时代和幅员中割裂出来，抓住它的普遍特征推到极致，成为奇观。可是，走在工人村的阡陌街道上，走在职工宿舍院中，走在劳动公园里，除了喷涌的暖气白烟、矗立在院外的浴室和人们在结冰的湖面上速滑这些场景稍显陌生外，大部分场景与我童年成长的南方城市并无二致。

我同意老班的话：东北既不是我写的那样，也不是你认为的那样，它具体啥样，你就自己来看一看。

老班走在大路上，向左一挥手，向右一指点。工人村周边曾经有富于文艺气息的乐器行、书店、花店，现门面还在，人去楼空，只有一家炖肉馆还在营业，声名远扬，顾客盈门。

“铁西区北面都是工厂，南面都是家属区，我们就在南边。大家都骑自行车上班，早上黑压压一片，都在红绿灯这儿等着。现在你看到的这个是拖拉机厂的家属（宿舍）区，斜对面是印刷厂的家属区，我们要去的是变压器厂家属区。我爸妈都是变压器厂的。住在这儿特别有安全感，从来没丢过小孩。”

我跟在后面，咔咔拍着照片。我问他“变压器厂最特别的地方”，他回答“最特别的地方是大，亚洲最大，一个厂子有几十万人，相当于一个县城的人口”。我说，“那你爸遇到你妈真不容易”，他说，“他们是双方父母介绍认识的。”后勤部门和工会的二代联姻。

在到达变压器厂家属区之前，还经过了热力厂宿舍楼、工人村浴池、东北制药厂宿舍、自行车配件厂宿舍，以及一座煤山的原址——往日一入秋就开始囤煤，高得吓人，班宇和他的同学们经常爬到上面去玩，现在这里是一片空地。自行车配件厂应该已经不存在了，而变压器厂卖给了新疆来的一个商人，现在只有千余人上班。

班宇带我一拐弯走进院子，抬头看那个封着的钴蓝色阳台窗，后面就是他二十六岁之前生活的家。在

2012年，这套五十二平方米的房子卖了三十万元人民币，而现在“可能二十五万还卖不到”。家属区虽然身居市区，但不对应热门的好小学，又旧，卖不上价。

在宿舍楼还没有参与房产买卖的年代，家属区的直观含义就是：父母的父母、父母的同事，自己的同学，学校的老师，全部都是邻居。补课就是从1号楼下来去4号楼。离开七八年了，老班还经常会一个人回来转转，来维护或者勾兑记忆的原浆。

一个同学的妈妈，是个大胖子，在粮油店负责卖油炸糕，是一种糯米里边带着红豆馅的食物，小孩最馋这一口。只要一去了他家，或有时候只是路过，这个妈妈一定追着把油炸糕给他们装进口袋。老班说，“后来他妈妈生病去世了”。

同桌的父亲，老工人，一条腿不太方便，上下楼梯都吃力，但他有优秀产业工人的天赋，动手能力极强。小到电饭锅，大到汽车零配件，都能修。有段时间他专门给出租车司机改装车，能把用油量改得稍微少一点。

一个好哥们儿，大学毕业后去当兵，留在宁波做海军，在那儿娶了个东北老乡姑娘，父母给他们带孩子，现在举家都迁过去了，很少回沈阳。

还有个女孩，是附近一家烤串店老板的女儿，比他小两岁，长得可太美了，远近闻名，现在说起来还是这一代家属院孩子心中的“女神”。小女孩想当空姐，去报了仪态班，有人答复她说现在看个子还可以，不知道能不能长到要求的身高，可以试试看。班宇耳闻，认为对方是骗子，全扯淡，普通人怎么能这么容易当上空姐呢？周围的人也都这么说。不料女孩长到一米六六，顺利当上了空姐，后来也嫁得不错。这个街区最好吃的一家烤串店就此消失。老班问我："究竟长多高能当空姐？"

走到垃圾站附近的时候，老班想起了这里曾经有一家黑门游戏厅（因此处入口就是一处漆得极黑的铁门而得名），所有的孩子都偷偷摸摸拿着家里的钱来打街机。九十年代走到末尾的时候，一些人搬了出去，一些外面的人住了进来。老班家楼下的门面，在 2000 年左右是一个微型洗浴中心，里面有两位女性，一位二十五岁左右，一位三十岁左右，班宇去姥姥家吃晚饭的时候，经常从门前过。有一个夏天的夜晚，正好碰上两个男的为争人头而打架，当时院里很多人都在，却都把手背在后面淡定地围观，仿佛刻意保持道德上的切割。两个男人中，忽然其中一个掏出一把刀捅了另一个。这个动作就发生在班宇眼前，像玩笑一样轻忽，最多算是个吓唬，没想到血流如注，中刀者立刻倒在地上。邻居们报警，班宇跑回了家。

渐渐，人们见面互相打招呼问的话是"领退休金了吗"。男六十，女五十，可以按月领到退休金，但要挨到这个年头不容易。往往是，孩子上大学需要用钱的时候，父母体力衰退，只能从事薪水微薄的工作，却又还不到领退休金的年岁。此时，班宇的家庭就处在这么一个隘口。每个月，父母能够提供的是 600 元生活费。吃饭穿衣是够了，但如果还想买书、买碟、抽烟、下馆子，就有点儿紧张。与此同时，班宇精神上则处于懈怠。小时候他当过很长时间的神童，专门打奥数比赛，一直到上中学，被分在理科特长班，忽然遭遇一波又一波冲击，发现比自己脑子好使的同学不在少数。大学随便考了一下，也是某种消极的体现。在东北大学计算机系平平淡淡读着，校内网兴起，班宇忽然想起查查以前在课外的奥数班里成绩最好、表现最独特的那几位现在都在何方，搜索结果是海外世界名校。他不得不承认智商的客观性。他转头继续看王小波，看余华，看外国小说，听摇滚乐，穷极所有资料去分析和理解一个乐队新出的专辑，用写代码的手打出长句。那时候还有不少音乐杂志，有编辑在豆瓣上发现了他能写，渐渐他成为很多杂志的长期撰稿人，稿酬每千字三十到六十不等，有时换着名字写，一本杂志有一半都是他写的。

最穷的时候，他为了卖一本旧书，专门到豆瓣上去写一个评论，以抬高转让价。这本书是北京师范大学出版社 1993 年出版的，名叫《丧失为人资格——颓废无赖小说》，其中收有谁也不知道的日本作家太宰治的同名小说。班宇“以极其呻吟的笔调”写了一篇书评，登上了书评版的首页，他偷偷在最下面加了个“转让”，八块钱买来的二手书以十倍的价格再转了出去，完成了一星期生活费的筹款任务。他觉得很逗的是，雪球在网络世界里越滚越大，《人间失格》现在已经没有一个文艺青年不知道了。

大三下学期开始，班宇陆续在出版社和房产广告公司干过，他原以为自己文笔还不错，给楼盘写点漂亮好听的话不难，后来发现实在干不了。到实地去看只能看到一个大工地，对着地基写华宅，怎么都写不出来。润色楼书也让他很痛苦，产品经理那一套对于卖产品有效的词语对汉语言的伤害特别大，一段时间内他几乎不再能分辨出来什么是好的和美的词。最后他在某家古籍出版公司落脚，老板是前一代摇滚青年，后来热爱国学。班宇的工作是带着一个团队编古籍，什么好卖做什么，《史记》《黄帝内经》《山海经》《韩非子》《庄子》《孟子》《论语》《唐诗》《宋词》《昭明文选》，凡此种种。曾经忙得不可开交，也一度面临危机，最后平缓度过，转眼到 2017 年，书号不好拿，做书成本也高了，公司业务开始闲下来。算一种此起彼伏吧，班宇开始想写小说。他不打无准备之仗，订了一年的《收获》，每期对照着看，觉得也许自己也能试着和其中一两个掰掰手腕。

2018 年初，发生在“东药厂宿舍”的许玲玲的故事写成了，取名《逍遥游》。

3.

行程最后，老班带我去看了《夜莺湖》里“夜莺湖”的原型：沈阳劳动公园游泳池。二十世纪九十年代初这里很兴盛，但总是出事，年年有过电溺水的孩子；承包商换了一个又一个。

我想起老班说他戒酒了。直接原因是前不久在北京大醉了一次。当晚前后喝了两场，大部分人都不太清醒，至少都摔过一跤，他摔了两跤。有人的眼镜腿也摔断了。散场时朋友问他住哪儿，他说华侨饭店，朋友打车把他送到，在前台掏出房卡，叫服务员搀着上楼开门，服务员说不对，我们没有这间房。如此反复多次，最后搞明白，这家旅馆叫的名字比“华侨饭店”多两个字，不是一家。这时候他已经没办法再挪步了，只能就地再开一间房，进门就睡。早上五点多，他挣扎着醒过来，吐了，不知自己在哪儿。打开手机看百度地图，方知在北三环。这是前一晚他就着啤酒和我说的。

时间已经到了正午。太阳直射，照不开冰上的白蒙一片，影影绰绰。穿戴专业、衣着鲜艳、不知从何而来的滑冰者们一脚一脚慢慢蹬着，很自由，无声无息，一圈又一圈，仿佛即将从冰面上冉冉升起。

对谈

小说半真半假，但能说点实话

2020 年 1 月，继《冬泳》之后第二部小说集《逍遥游》推出前夕，我飞到沈阳，和老朋友班宇放松聊了聊。

时间：2020 年 1 月 14 日下午至晚间

地点：新洪记饺子馆、班宇家中

（班宇一口气点了四种馅料的饺子）

吴越：你前几天说和朋友一起去鲅鱼圈玩了，风景怎么样？

班宇：风景不存在的。就是我有几个关系不错的朋友，每年定期找个靠海的地方租几天房子聚一聚，去了也不怎么出屋。放个电影，打打牌，或者就是待着，什么也不做。静观时间从身上驶过，在内心里遥望大海。

吴越：什么时候形成这么个朋友圈的，什么样的人员构成？

班宇：其中有十几年的朋友，认识最晚的也有五六年了，做什么的都有，一个朋友在电业公司上班，但是几乎不去；一个朋友是图书馆的管理员，天天看绘本，再就是对使用图书馆电脑偷着上网玩游戏的孩子们进行管理教育，说起来还有点儿浪漫，像一位麦田里的守望者。还有两个朋友是编剧，写情景喜剧的，大家年纪都差不多，最大的1983年的，最小的1989年的。

吴越：你是他们当中最有名的那个人吗？

班宇：这两年可能确实是这样……但他们对我没有任何好奇，因为认识时间比较长了，互相比较了解。我们混在一起的时候就天天聊聊歌、聊聊电影，然后骂一骂共同不喜欢的人，出去吃个好的，就这样结成一种友谊，比较自在的状态。

吴越：看了些什么电影？

班宇：今年看了《爱尔兰人》。去年我记得看了修复版的《海上钢琴师》，那片子以前看很喜欢，修复版竟然完全没感觉，不会被触动了。我最近一次被影片触动是看坂本龙一的纪录片。纪录片本身拍得太一般了，但是坂本龙一这个人非常有魅力，你就能知道这个人怎样一步一步形成他自己的。比方说他自己去南极，在冰层上敲个洞，然后把收音设备放在里面听那些水流动的声音，事实上这些东西在现代音乐早就有人做过，可以归纳到声音艺术、田野录音、环境录音等范畴内，但是他不管这些，都无所谓，他的所有创作都是一种自我的探索的创作，而不遵循音乐史的路径。我觉得还挺了不起的。

吴越：你关注坂本龙一的路径，可能你也在思考自己的下一步怎么走。

班宇：你是不是也以为我现在面临着很多机会？所有人都这么想，一夜成名，名利扑面而来，其实真没有。我和辽宁作协的关系也就是我是一个会员，它不会给你开工资，也没什么人事调动，偶尔喊你去开会、去座谈，也不多。相关影视版权有在谈的，大概还要一段时间，现在好多看着不靠谱的我都拒掉了。有人想帮我出乐评集、杂文集，我提不起劲，那是前一个阶段写的东西，有些在场感，基本上是为杂志所写，那时是真心喜欢，被触动，但现在没什么非拿出来的必要。其他方面呢，有人让我去北京一些公司里做编剧，我完全不想干，不是说光喜欢电影就行，要从头学起，这是个技术活儿。而且到北京我还要多负担一份房租。在沈阳我至少比较自由，生活成本低。所以我的位置很尴尬，大家觉得你出名了肯定赚到钱了，我也没法解释。很多人不明白：我能做的事情特别少。还就觉得小说有意思，能写点小说还想尽量写点。

吴越：小说在你看来是什么？

班宇：用虚构的方式来说实话。我还真是一个不能对自己的写作撒谎的人。我也可以写非虚构，但非虚构里面容不下捏造，我也可以写乐评，但是我只想说实话，只能说实话，写乐评的时候就得罪很多人。写小说对我来说可能是最后一个选项，一个最合适的东西，在这里面我可以半真半假，在小说里说点实话。至少在一些人看来，我目前的小说里承担的就是一部分东北的真实。

吴越：你不承担的是什么？

班宇：我不想承担任何更大的使命，那不是我出发的起点。我跟董宝石关系很好，有过几次对谈，提及多是儿时种种印象，更像是在讲文化上的复古和回潮。有个朋友总爱开玩笑，指着我和董宝石说，你们其实是东北复仇男孩，向谁复仇？向自己复仇。你总想表现出来别人有啥我也有，别人能那样我也能这样，我不比你差什么，也有着强烈的表达与抒写愿望，但是其实我们内心里有一种天然的自卑与自傲，相互叠加，成因复杂。

同时，我也不认为我的写作跟东北有一个特别深刻的精神上的联系，而是一些共通的经验恰好发生在东北。比如《逍遥游》这个小说它可以不是东北小说，它为什么非得是东北呢？我感觉是不是大家先有东北命题这样一个概念，再把我放进去找了个位置。反正过去这一年挺热闹的，也搞得挺累，很多时候好像一个人非得逼迫另一个人给出一个观点、一个答案，但是我的个人体验就是我对某些事情既没有好感也不厌恶。我今年的目标就是少参加点活动，肯定不能跑那么多地方了。去年有段时间我每个双休日都在出差，到一个地方坐下来一个人一口气讲上一个小时，很费精神。

吴越： 你为什么不找个对谈嘉宾？可以分担掉很多压力。

班宇：从没找过嘉宾。不好意思麻烦别人，我自己能做到的事一般就不麻烦别人。但因此每一场都特别疲惫。我以前还是挺喜欢出去走动的人，从去年开始就完全不感兴趣了，到酒店就睡觉，不想喝酒也不想吃东西。老吴其实我是这样一个创作状态，我这段时间如果想写个小说，至少我不希望出门，因为出门我啥也干不了，根本就不会想写。每周出去两天就相当于一个月都没有创作状态。我用了一年时间体验到这是个麻烦事。你看波拉尼奥说他写短篇小说从来都是三篇一起写，我就特别羡慕，因为我从来没有过两篇三篇同时一起写的状态，我只要写一篇小说，所有的生活作息都围着这篇小说来转，一直到写完初稿之后，松一口气，有个底，然后漫长地修改。

吴越：在去年这种信息量巨大、疲于奔命的状态下，你还是写出了《夜莺湖》这样继续往上走的、努力突破围困的作品。你考虑过辞职、专门写作吗？

班宇：我其实一直在想要不要把工作辞掉。今年本来想辞，但又犹豫了一下。主要是我的工作事情不多，我自己可以调节。在家里会懈怠，到单位写上一天，还特别出活。好几个小说都是在单位电脑上完成的。

（谈话告一段落，班宇领着我去他成长的工人村，现在已经成为铁西工人村历史建筑群，傍晚时分，我们回到班宇家中喝茶继续聊。）

吴越：你觉得自己的写作遇到问题了没有？

班宇：有啊，每一个小说对我来说都是一个新的问题。在细节和语言的使用上会有冲突。我真的要好好想一想，避开熟悉的表达、容易滑过去的写作。我特别习惯于在短句的连接（处）做一个我仿佛自己感觉到的一点空隙，这点空隙就是一个节奏和诗意的存在，这个东西是让我着迷的。这种技巧和笔法，我已经写得差不多了，我想要做更难的事。更难的事当然不是说写长句，而且我不认为长句就比短句典雅，至少从二十世纪来说，小说是一个面向未来、不断在进化的形态，不断在受音乐、影像等其他媒介的影响，到了二十一世纪，小说就是要使用二十一世纪的语言气息和节奏方式，包括考虑到读者吸纳、接纳信息的方式。

吴越：恕我鲁直，《夜莺湖》里有一小段，我想问问你是想表达什么？

班宇：是不是梦中“大鱼按捺于岸”那一段？

吴越：正是。你怎么知道？

班宇：因为我其实也不知道自己想表达什么，但凭直觉感受这句话应该出现在那儿。没法说清楚。这个梦也是我真实做过的，半夜醒来记下，用在这个小说里了。《夜莺湖》这个小说代表了我目前创作小说的一个驱动力，就是想展现那种我说不清的感情。很多人谈他们写某篇小说的源起可能是一句话或者一个画面，对我来说，最要紧的是有一个情感上的冲动，比如我体验到了一个新的情感点，或者是有某一种感受突然变得更深了。我用各种方式把这一感受尽量地描摹出来，对我来说就是成立的一篇小说。没有一个牢靠的情感根基和情感冲动的小说是不成立的。

吴越：《夜莺湖》确定发表后，你发来的创作谈里有一句话：我当时忍住没问，现在想问——这“较为微妙的时刻”是指具体遇到了什么事？

班宇：这指的是去年五六月到七八月间，那段时间我对自己产生很大的怀疑，就不知道自己还能不能干（写小说）这个事。

名字外，其他相去甚远。但金嘎这个人物的塑造我却是挺满意的。小说写作一旦脱离了人物便不是小说了，哪怕动物小说不是也得拟人化书写吗？

吴越：我指的人的视角是作家真正在关注人自身的行为和感受。我问下一个问题吧。但这个问题其实和上一个是有关系的。我向万玛才旦老师约稿的时候，还没有说出你的名字，但他一听到我说青海有一个小说作者，就很自然也很有把握地说，是索南才让吧？他还不认识你，但很早就在青海的文学刊物上看到了你的小说，留意到了你。这让我意识到：无论在草原的帐篷里写作，还是在城市的咖啡馆里写作，写作者其实都同时居于世界的中心。所以，对于你而言，你目前为止总去处理的是什么问题？或者说，什么事情会纠缠你让你不得不去写下来？

索南才让：要处理的问题太多了，小说写什么、怎么写的问题，这其实是最重要的。但往细里说是结构的问题、叙述的问题、思想深度的问题，另外还有生活和写作之间的冲突问题，这些每一次写作的时候，我都要面对，都要找到准确的角度，做到一个平衡，都要小心翼翼地去处理。但每一次都好像是在全新地面对新的问题，所以我在写新作品时其实都是一次新的开始，因为我不能复制上一次写作的经验。上一次的写作经验，对于新的作品，有时候会形成阻碍。

如果说有什么事情让我纠结于写作的话，那我想就是写出令自己满意的作品，每一个作品在构思或者在开始写的时候，我都是自信满满的，有的时候很激动，觉得自己可以写出一个好作品，但现实和梦想往往是差距巨大的，我写出来的东西和我想象的作品相距太遥远，有时候令我特别沮丧，也会丧失信心，没有了接着写下去的动力，但每一次我都会重新在写作中找到自信。而且我觉得写作现在已经成了我的一种本能了，是没有办法分割的。

我想表达什么？我想传递什么？这些在写作之初，我是不考虑的，因为我觉得在你写作的时候，在你写作之前，考虑这些是没有意义的。因为写作中不确定的因素太多了，稍微一个小小的念头，一个想法就有可能改变写作的初衷，会改变整体思想，当作品脱离了掌控的时候，是听之任之地写下去呢，还是果断地制止？我从来不会要求自己在既定的条条框框之内写作。

吴越：是不是到了你午睡的时候了？我们聊天这几个小时没发生什么事吧，今天天气如何？

索南才让：今天早上有东风，有点冷，我今天一直在牧场上和你聊天，一边修补网围栏。还在听书，石黑一雄的《无可慰藉》。这会儿变成西风了，羊群就在我右侧的山包上，我的对面是一个家族敖包。

吴越：我问了你九个问题，第十个问题留给你，你有什么想问我（我们）吗？

索南才让：有一个。你们编辑看那么多作者的稿子，有时候会不会感到很绝望，会不会替作者着急，着急得抓耳挠腮，着急到想自己动手来写？

吴越：编辑干编辑的活，编辑如果想替作者写那就不是合格的编辑。我所理解编辑干的活，是站在作者身边帮他看到他的前后左右，有时候是以一定的经验来判断作品中令人激动的一部分，类似在晴空下捕捉蝴蝶翅膀的一颤；有时候是提醒他子弹从后面来；有时候是推动他从潜意识，甚至是从作品中已隐现的局部来更好地完成整体。当然这种“更好”只是一厢情愿，所以往往仅供参考。出色的小说作者其实既混沌又清醒，你只需要只言片语就能让他摸到下一关的门锁。对我这个资浅编辑来说，每每看到一个完成了的、钻石般又坚固又漂亮的作品，来自内心的快乐难以言喻。只要每过一些时间能有这么一个快乐的瞬间，就足以抵挡失望，足以让我怀着期待打开下一个陌生的文档。这个回答你觉得还行吗？

索南才让：答得好。混沌又清醒，的确如此。

短评

失父的歌谣

——索南才让短篇小说阅读札记

2022 年夏，应索南要求，给他将发表在《雨花》的两个短篇小说写短评

写短篇小说的索南才让和写中篇小说的索南才让是两个人。当然，语言上的相近还勾连着这两者，类似于一对性情完全不同的兄弟。我还没有读过他的长篇小说，也许读过之后会蹦出第三个索南才让。

2018 年，我首先读到的是索南才让的短篇小说《巡山队》，宛如电影剪接般远近景别调度与动作、

人物、悬念一气呵成地交织于一体，语言简洁中蕴含着十分生动的新鲜，例如：

> 昨夜的大风轰轰烈烈地扫荡，天亮时交接似地停了几分钟，就接着吹，把地上还没来得及冻住的雪都带上了天空，然后朝着西方一路摧枯拉朽地去了。

巡山队的四个人构成一组色调丰富的群像，在《巡山队》里他们或许还没来得及做什么，但是到了下一个中篇《荒原上》，索南才让擅长描绘人物群像的特长完全显现出来。六个性格、来历迥异的男人临时组成灭鼠队走进了昂冷荒原，各组力量的配比几乎是完美的，在更广袤的时空、更丰富的架构和更从容的叙笔中多线交织又融汇，充分地完成了故事的主体，且情节的走向显露出未经打磨而天然存在的法度。再到下一个中篇《圣人画像与象牙麻将》[1]，索南才让组织、调配人物的能力又上了一个高度，这次他的人物们不是以巡山队、灭鼠队这种朝夕相处的方式形成集团，而是分散住在牧场周边县乡之间，他们以“麻友”的身份聚合在一个个灯火明灭的深夜；以债务的多头，下辖彼此之间两两的

1　中篇小说《圣人画像与象牙麻将》，发表于《收获》2021 年第六期。

朋友、亲戚、故交关系。这些微妙但足以搅动情绪的元素与平静中蕴含剧变的当代牧民生活里应外合，形成一股破坏性的力量，挟裹着主人公越轨而出。小说的末尾，主人公决定回家，但又没有进门，他面前是油画般的一幅画面：

> 他走到家门口，站在羊圈外面，扒着羊圈墙看里面卧着的羊群。铅灰的天空下整个羊群像青色的冰块。他静静地看着。

在此我想起安妮·普鲁[1]曾说："我写的每一个东西都来自景观。"[2]索南才让同样具备这样一种技艺：既能够自觉识别小说题材中环境的"异质"景观，又能将这些异质景观处理得如熟面团一般圆莹妥帖，从中透射出超自然之光。安睡的羊群呈现出无知状态下的善，随着天亮，欲念升腾，人的心灵又将迎来新的动荡。而这刹那的观照时刻，静止的"青色的冰块"足以抚慰、启谕和结束故事，为这么一个中篇小说所容纳的所有躁动压上一块够分量的舱石。

由上述而推及，若论及小说家的天赋或曰气质，

1　安妮·普鲁，美国当代著名作家、编剧，曾获美国国家图书奖终身成就奖。著有短篇小说集《近距离：怀俄明故事》，长篇小说《船讯》《树民》等，短篇小说《断背山》获欧·亨利短篇小说奖。

2 《失落的边疆》第 35 页，［英］马克·阿斯奎斯 著，苏新连、康杰译，商务印书馆 2018 年 3 月第 1 版。

我诚挚地认为索南才让属于天才的“中篇”型选手。时不时地，我也能读到索南才让的短篇小说，印象深刻的有《在辛哈那登》《找信号》等，再加上这次细读的《午夜的黎明》和《哲学教授》，假如说一个不用负责的模糊感觉，我想说，索南才让在进入短篇小说时，变成了一个不在乎短篇小说惯常训诫的、浪漫的写作者。你很少看到“扣子”“铺垫”“反转”“机锋”“虚晃一枪”“决定性瞬间”“意味深长又戛然而止的结尾”等所谓短篇利器。短篇小说在他手中似乎是一种极其柔和的心灵歌谣，完整性是最先被搁置的，首先要做的是在一个音阶上“唱出来”。就我所读到的短篇小说而言，作者在其中袒露的最动人的东西是脆弱。再具体一点儿，是年轻人的脆弱，是失父的脆弱、摇曳的火焰、暗哑伤痛的低吟。

我不知道草原上的父子关系是否承担了更多的自然属性，至少，索南才让把这种身居长幼位序的雄性生命之间的竞合关系写得况味十足。

民兵更登加措的父亲因为和妻子吵架，被这个儿子架在墙角抽了耳光，他借酒消愁了一个星期，失踪了，只留下二十几条交代高利贷债务的语音信息。有人推测他进入了沙漠。《找信号》的故事就是这样开场的，年轻人不当回事地进入了沙漠，在死亡的阴影下吵吵嚷嚷，直至见到了草丛中的尸体，却无法打电话通知其他人。被蔑视的、失败的父亲被证实是死了，于是，失败的恐惧开始像正午的日头一样移到了年轻人的身上。

《哲学教授》里的父亲在儿子眼中遭遇的是另一种失败：在异性面前永远充满自信和傲气的部落“男神”，在遇到了前来写部落志的“哲学教授”李静之后迅速被征服，在结识的第十五天就结了婚，随后完全听命于她。李静揭开了部落上一代男性曾经犯下的罪恶，并以要求继子帮忙整理笔记的方式，将这些罪证传贮于他，从根本上摧毁了这个部落的父权荣耀。

《在辛哈那登》，年轻人一直怀疑自己不是亲生的儿子，因为阿爸是那样粗暴地对待阿妈和他，并且出走到异地重组家庭。

> 我找到阿爸。他在德州酒馆里唱情歌。面对他的是一群同样糟糕的老男人，但他依然唱得激情澎湃，仿佛面前是一群芳心暗许的中年妇女。我站到门边的角落里，第一次十分细致地端详了他在别人面前的形象。在家里面，他从来没有如此灿烂地笑过。他的哈哈大笑如此真诚、喜悦和纯正，以至于我根本不愿意相信这是同一个人。当他唱完，等待喝彩与掌声之际，我引起了他的注意，他马上变了脸色，他几乎是暴虐地盯着我。

年轻人明白他无法召唤父亲与自己重新生活在一起，他接受了现状，带着已然尘埃落定的缺憾去开始自己独立的生活。

《午夜的黎明》可视为《在辛哈那登》的延续：陆续失去父母、弟弟、妻子、爱马和羊群的青年牧人在老屋里度过一个个日夜，生活濒临塌陷。他不断回忆、想象，产生幻念。“我点了一根香烟，抽烟的样子带着父亲的基因。”他的生命不仅属于他自己，更是往昔活动痕迹的延续和库存，是逝者唯一曾经存在过的证明。

如果说《哲学教授》里蕴含着一桩陈年罪恶事件的因果报应而具备相当悬想空间的故事性，那么《午夜的黎明》则谈不上有什么情节——但它是我所更喜欢的一篇。在《午夜的黎明》中，索南才让用他的方式，让草原上的这个年轻人的孤存振聋发聩：

> 这栋房子即便是只剩下我一个人，也从未显得空旷过。有时候，那种下雨、刮大风或者闷热的日子里，这栋房子反而显得十分拥挤。每当那种明晰的感觉浮现心头，我都会到处瞧瞧，除了父亲母亲和弟弟他们几个从某个地方回家来躲避风雨，我想不出其他什么可能还有意思。但在大部分时间里，这里和平常一样，没有异常。这样的夜晚很适合清醒着，听老鼠

们的世界。我审视自己对老鼠的动机，只不过是太无聊而已。

他感知到亲人拥挤在房中，还能觉察到“另一个自己”，“那个也许同样是独自一个人的我似乎对我的这边的生活很感兴趣，有好几次夜深人静，他小心翼翼地冒出来，有交流的渴望，后来更明显的有交换彼此的欲望”，而他只能坚守着不去做那个“自己”想让他做的事，尽管他们之间只隔了“一扇窗户”。在他的梦中，还有交易生命的俄罗斯商人在游荡，还有神秘的狗休闲地踩踏着他苦闷的睡眠。

小说后半部分，主人公任凭幻真混淆的渐进强变奏让我嗅到了与丹尼斯·约翰逊名篇《火车梦》同样的气息。在《火车梦》中，被山火毁去妻女的铁路工人格兰尼尔万念俱灰，在小木屋中与孤寂终日相处，其视听与森林中原始的事物们相接，他不仅听得到一切细小的变动喧哗，还曾亲眼见到妻子的魂灵显现，告诉他，女儿凯特从火中逃脱了。其后，他确信某一天落于他庭院的狼女是女儿凯特的化身——尽管她身上没有任何一点痕迹能证明这一点，无论如何，“天色将明时分，一阵细微的响动却把他弄醒了。是狼女的动静。她走了。她从窗口一跃而出。他站在窗前望着她，她沐浴在黎明的灿烂光芒之中……她放慢步子，保持着步伐，往河流的方向去了。他本想去把她追回来，但最终没有这样做”[1]。最终这次际遇将格兰尼尔从孤绝闭环中释放出来。

而在索南才让这里，在这被世界抛弃的、被死亡的气息诱惑的、响动个不停的屋顶下，“我有时候在午夜的黎明醒来，一时间不知身在何处，心中积蓄的酒精般的苦楚潮水一样淹没我”，而此时，诗篇出现了，像极远高空中相互以弧光连接起来的星座，连主人公自己也不明所以然——“那么奇怪的，我爱狄兰·托马斯，爱他的无耻而没有正确的生活，爱他的残废的手写出来的优秀的诗歌。我不知道这个毫无关系的美国人是怎么出现在我的生活里的，他怎么经过一番长久和艰辛的流浪来到这片草原上，来到我孤独而幽闭的房间，来到我孤独而幽闭的手中。他来得不分昼夜，却又显得那么有道理。真是一种古怪的道理啊！”正是有了这些诗篇，这些毫不相识的孤独的人留下的咆哮，主人公才得以在每一个黎明真正入睡，每一次都如同死去过一遍。

真是一种古怪的道理啊！《午夜的黎明》就这样逾越了短篇小说的制式，完成了对一个奋力抵御湮灭的人的塑造，也正是从这篇小说开始，索南才让的“歌谣”开始闪现出经典的光芒。

1 《火车梦》第 89 页，[美] 丹尼斯·约翰逊著，兰若译，上海文艺出版社 2013 年 9 月第一版。

张悦然近影

张悦然：雪花落地

2016 年，张悦然三十四岁，住在北京，生活稳定，工作稳定，身材和颜值稳定。

“我发现还是写长篇更适合我，中篇和短篇到中后部你就想去怎么收梢，你要冲刺，要调整，朝着结尾奔去。长篇可以加入到你的生活中，你带着它生长，到结尾的时候你只需要冲刺一次。”

话虽这么说，张悦然在把长篇小说《茧》交给《收获》杂志编辑走走的时候，仍然没有想好结尾要怎么写。

那是在 2016 年初，张悦然决定完成这部陪伴了自己七年的小说。交稿前她临时写了个结尾，让小说中交谈了一夜的男女主人公从各自的讲述中抽离出来，两个声音交叠在一起，完成一场罪与罚的论辩。这一段写得不理想，但她暂时没有想到更好的结尾。

《茧》的初稿还是让走走很吃惊。2010 年走走责编张悦然的第一个作品是长篇小说《誓鸟》，感觉她“天马行空，语言瑰丽，很会讲故事”，后来是《嫁衣》，再然后是《动物形状的烟火》和《天气预报今晚有雪》这几个聚焦都市男女爱情关系的中短篇，忽然出现了《茧》，截然不同。

“在年轻女作家这个群体里，张悦然罕见地关注社会性的重大历史事件给普通年轻人造成的后遗影响，”走走说，“她很有勇气，也许她在世人面前呈现的是她的短板，而放弃了她原本最擅长的东西；她可能会失去一部分读者，也可能得到更多读者，谁都不知道。”

小说到了《收获》主编程永新手里，他一口气看完，决定在最新一期（2016 年第二期）发表。程永新说，他相信这部《茧》一定会改变人们对八〇后作家的整体印象和评价。

《茧》的故事雏形，在张悦然很小的时候，便已伴随着她。

“这是一个我从我父亲那儿听来的故事：‘文革’，一个医院的头头被揪斗，不久人们发现他种种生理异状，再一检查，居然发现一颗钉子以精妙的手术手法嵌入在他的脑门中。这是谁干的？为什么要这么做？……我父亲那时也只有十几岁，事是真事，就发生在他长大的那个医院家属大院。1977 年，恢复高考，我父亲考上了大学，把这个故事写成一篇名为《钉子》的小说，寄到《上海文学》，本来都要发表了，后来说调子太灰，退回来了。但是他念念不忘，从我小时候起，就老听见他在说这个故事，以此说明他也是写过小说的。但我从未真正听进去。”

真正听进去，要等到 2009 年。那时，张悦然加入了中国作协，是北京作协的签约作家。在出版商眼中，张悦然这个名字依旧具有市场魔力，但她突然放缓了一本接一本出书的步伐，进入到一个“很长时间在别人眼里停滞不前”的阶段。因为工作量的要求，她主动放弃了与北京作协续约。

张悦然老感觉有些事情没想清楚。或许是她在越来越接近三十岁的日子里，对自己的定位有些焦虑。她在一次访谈中说：“我写的东西和我想走的文学道路差得特别特别远。”在她自己的书架上，2001 年到 2006 年之间出版的书一本都没留存，“害怕看到”。

公正地说，张悦然之前的小说都有着令人过目难忘的唯美与魔幻，都像空中花园一样悬浮着。现在她想下来，找不到梯子。

父亲讲述的故事就在这时进入了张悦然的视野，给了她立足之地。她开始想象这桩骇人罪案的背后，作案人与被害人之间有着怎样的纠葛，作案人真的从来没有被发现吗？假使有知情者，又将如何生活下去？被历史掩盖的真相会折磨他们和他们的家人吗？时代更迭如洗，可人性的毒素是否会被清理干净？恶念会不会有一个潜伏期，借由什么契机再次发作？

一开始，这部小说与张悦然本人毫无关系，她只是贴着经验去写，非常谦卑，非常仔细，不再渴望宏大的叙事，她写到了二十世纪九十年代流行过的服饰，也写到了家族团圆宴时夜空中的焰火，她写到了在中俄铁路上奔波的服装商人，也写到了城市贫民把日子过下去的窍门……最终在其中注入了大量的童年经验与时代记忆。

作为故事发生的一个重要地点，她儿时生活过的山东大学家属院成了“医科大学校园和宿舍”的原型，小说中的“小白楼”“死人塔”都是有的。张悦然有个朋友专门跑到山东大学去拍了一个视频，又做了一张地图，贴在朋友圈里。

这其实是张悦然第一次写到山东济南。故乡的印记一直很淡。从小到大，她都生活在大学校园里，二十岁不到出国读书。新加坡国立大学计算机系毕业回来，就留在了北京。

从前，她宁可写南洋背景下带有神话和魔幻色彩的、“华丽而残忍”的故事（《誓鸟》），或者选择一个模糊的、多义也更显得高级的故事发生地。但因为这个“钉子”的故事来源自真事，涉及很多父辈和祖辈的东西，张悦然很难去想象他们生活在上海、北京或别的什么地方，她不可避免地要把故乡——“熟悉但并不一定写得好的地方”——带入进来。她在 2011 年春节回了一趟老家，在闲逛家属院未曾改变过的平房、水果摊和已经拆了的旧楼时，获得了《茧》的开头和叙述视角。

于是，一个女孩的形象在“死人塔”“小白楼”背景前浮现。为了把故事讲圆，解决这个女孩作为当事人的后代何以知晓了秘密罪案的问题，张悦然娴熟地创造了一只狐狸，作为一个“先知”式的角色，一步步引导女孩发现真相。

但是现在，你在小说里找不到这只狐狸，它消失了。小说写着写着，张悦然发现自己不再需要借助非现实的道具。她想到了用两条线来互相补充，用另一个男主人公来代替这只并不真实存在的狐狸。当然困难也随之产生了，两条线要步调一致，齐头并进，对技巧和耐心提出很高要求。当她最后终于完全在现实的空间里完成了这个漫长而丰赡的故事，感觉到自己“换了一支笔，好像从写小楷换成了行书”。

“我最初的写作里有魔幻的成分，有超现实的东西，当然是有意思的，但也体现了我经验和技法的匮乏。我可能是想抓住一根拐杖，或者海上的浮木，但写着写着，我拥有了独立的能力。”

张悦然有一个文件夹，里面的文档全都是《茧》的原稿，按《茧 2009》《茧 2010》的次序……一直到《茧 2016》，有什么新的想法，她就放在文档末尾，写的时候不断拉到后面看，然后添上去。

七年前，她带着这个故事上了路，但她并不清楚最终它会变成什么样子。这个故事与她一起经历着二十多岁到三十出头这段时间的成长和变迁、探索与回溯，“长在了一起”。她想起自己懂事起便发现外婆与常人不太一样，想起母亲很早就试图向她解释，外公外婆是“文化大革命”的受害者，外公曾被批斗得很厉害，外婆的精神由此出现很大问题。写着写着，外婆的样貌悄悄走了进来，成了小说中的“秦婆婆”。

张悦然意识到，每个故事有它自己的命运。“钉子”的故事没有被父亲以当年流行一时的伤痕文学的样式记录下来，也许就是注定了要被传递给她，经过三十多年的沉淀和七年的磨砺，成为现在这个样子：两个当事人的第三代，年轻的一男一女，像侦探一样去想象和重新叙述沉重的历史，同时展现出他们各自因“缺爱”而造成的性格悲剧。

张悦然写作主题、风格与形式的转折引起了评论界兴趣。评论家项静说，“在1980年以后出生的作家中，张悦然可能是最早隆重地碰触这个主题的”，“甚至已经堵死了一部分人再次涉猎这个主题的方式”。评论家李壮认为《茧》成功地构造了一种“内在化的历史”——“国史、家史与个体精神史的血肉，在这部作品中真正生长到了一起”。

“我并不是主动去接过了历史的重量，”张悦然平和地说，“而是你无论承认或不承认，看见或假装看不见，它们就在那儿，你每天都要面对，和它们打交道。举个最简单的例子，你和你的父母，你们带着对生活的不同理解，如何相处？而我又很好奇，父母这代人对生活的理解和为人处世的方式，是因何、如何形成的。”

那些岑寂的后半夜，张悦然坐在电脑前，通读这经年累月攒下的文字，感觉到自己面对的是一个感情上的庞然巨物——不仅仅因为小说本身涉及近百年来三个家族三代人，更是因为，这部小说像间储藏室一样忠实地收藏了迄今为止她写作生涯中几乎所有的尝试、努力和变化等诸多痕迹。又像一片白茫茫的雪地，留下了或明或暗、星罗棋布、只有她自己才看得到的脚印，还带着体温。

结尾就在一遍遍修改中到来了。

> 程恭回过身来，硬币已经被新落的雪覆盖，看不见了。他和李佳栖站在那里，听着远处的声音。汽车发动机的声音，狗的叫声，孩子们的嬉笑声，一个早晨开始的声音。程恭闻到了炒熟的肉末的香味，浓稠的甜面酱在锅里冒着泡，等一下，再等一下，然后就可以盛出锅，和细细的黄瓜丝一起，倒入洁白剔透的碗中。

张悦然给了和自己同龄的两个主人公以一枚硬币那么小、那么轻，但是像食物一样实在的希望，把生活的选择权交到了他们手上。这是她以前的作品中很少见到的。“我们在青春文学时期的写作都比较黑暗，比较尖锐，结尾里都不留那么多可能性。”

一些评论家指出《茧》依然带有青春文学的标志性风格，“罪与罚，偏执，无力感以及那种像铅笔一样尖的词语，时时准备给人致命一击，冷酷的语气”，等等。张悦然说，现在的她已经积极多了，已不再“有特别强的自我、自恋和自怜”——这是她概括的曾经的自己。

在这七年里，张悦然曾经和同为写作者的两三好友谈起过这篇小说。可她发现“这是一个很难讲清楚的故事，说着说着很没意思，还是回去写吧”。她一边写一边感觉到自己身体里生长出来的东西在不断地与故事产生新的关联，就像包裹着“钉子”的茧结了厚厚的好多层，永远也结束不了。为了转移压力，她主动谋求了一些社会性的事务，比如担任了文艺杂志《鲤》的主编，再写一些随笔、一些中短篇。

在这七年里，张悦然进入中国人民大学成为一位传授小说鉴赏和创意写作的教师。“偶像光环？完全没有。没有哪个学生是来粉我的。”张悦然说，每次课前她至少要花一个整天备课，直到上课铃响前还在教学楼旁边的咖啡厅里如临大敌地改着课件，比学生还用功。

教师这个职业和身份令张悦然有安身立命之感。首先是使她的生活规律、稳定、平和，其次是从正面补充着她的写作。

“女作家主要是靠感受力在写作，随着年龄增长，感受力在衰退，怎么办呢，就需要更多知识的支撑，可以延迟你感受力的衰退。”

父亲至今没有看过《茧》。张悦然没和他提，但猜测他最终会知道。这些日子里，寄出不少试读本给朋友、前辈和评论家，发快递的活儿都交给了父亲。

在《茧》的后记里，张悦然虚构了一个场景——等快递时，父亲随手翻开一摞试读本最上面的那一本，看到了小说的开头：

> 回到南院已经两个星期，除了附近的超市，我哪里都没有去。……

对谈

认识了父辈，才算是真正长大

2016 年，长篇小说《茧》初问世时的一次访问

那是一个雨天的上午，我们约在东四环一家有机餐厅见面，她穿一件质地精良的深蓝色茧形连衣

裙，坐在咖啡与肉桂卷慷慨的香气里，十分明丽。我们与十五年前各自的样子大相径庭。2001 年“第三届新概念作文大赛”一等奖得主在上海市作家协会大厅前留下了一张合影，我旁边站着一个苍白秀气的男生，名叫郭敬明，后面站着一个瘦高的女生，名叫张悦然，后来他们是这一届中最早出名的。当时情形很匆忙，谁也顾不上彼此打量，我那时处于高考前内分泌失调的极度肥胖中，穿着胸前印有犀牛图案的班服。尽管激动不已，我几乎立刻就远离了这个对我来说有些喧嚣不适的话题中心。本科就读时，收到《萌芽》约稿信，稍写了几篇，后接到“新概念”获奖者与前辈作家对谈的邀请信，谁也没告诉，直接放进抽屉。实习先去广告公司，然后去主流媒体，干了十年记者。也不知怎么，忽然，我就走回了文学这条路，就像是径直进了一个虫洞。记得 2015 年 11 月，我到《收获》上班的第一天，我站在二十世纪三十年代邬达克[1]设计的原刘氏家族洋楼中，再一次仰头看那流丽丰雍的旋转楼梯，感觉自己处于一个蚌形漏斗的底部。感谢命运，我在外游历已久，终于能返回始发地。一年多之后，我帮走走一起编辑张悦然长篇小说《茧》，一种并无逻

1　邬达克（Laszlo Hudec，1893 ~1958），匈牙利籍斯洛伐克人，建筑设计师。因第一次世界大战从战俘营流亡到上海，创立自己的建筑设计事务所，设计了国际饭店、大光明电影院等诸多老上海建筑。

辑的亲密感悄然弥漫心间。我非常享受这样的时刻：十五年后的我在给十五年后的张悦然仔细地校对字句，充满用不完的柔情。

我不知道还有其他什么例子能证明文学依旧有致命的吸引力。此前我们并不相识，可是对话就在这样一种明澈宁和的气氛下开始了。

吴越：你出名较早，有什么事情困扰过你吗？

张悦然：主要是关于青春写作的这个阶段，有过一些被当作“商业化畅销作家”的误解。2002 年到 2006 年，是“新概念作文大赛”获奖后所谓的“成名了”“出来了”的阶段，也是我的一段密集出版的时间。那个时代，因为“青春文学”受到市场的欢迎，年轻作者都有很多出版的机会，有些出版社拿了稿子稍微校对一下就出版了。也许那是个对于年轻原创作家最好的时代，但不可否认这种繁荣里有商业的推动，也有消费年轻作者的倾向。现在看来，我那时候的表达也是真诚的、严肃的，有朋友说看了我刚开始的作品，“真是有水晶一样的一颗心”，但是对文学缺乏更专业的认识，作品里面存在很多问题，还是太草率，不够精细，缺乏规范的帮助。当我通过阅读和学习，以及朋友的意见，了解到更好的文学标准之后，就特别害怕看到那个阶段出版的作品，只有我父母还悄悄帮我攒着，我书架上是一本也没有。

我想说的是，虽然我早期的文学尝试被当成畅销书和商业化作品来运作，但我本人内心真没有任何商业化写作的企图。外界却总会觉得当时我们这批八〇后作家都在迎合商业需要，把自己的作品往那个路子去写。因而我们总是被怀疑是不是在进行纯文学的写作。这是过去很多年里面跟着我们这一代作家的疑问。

吴越：你们这一批成名于“新概念”的作家里还有哪些还在继续文学写作？你们相互之间是一种什么样的关系？

张悦然：以我知道的范围来说，周嘉宁、颜歌、蒋峰、张怡微、霍艳……还在写小说的大概不到十个吧？其实，当时一大批人涌现出来，那个繁荣里面确实也有一种假象，并不是真正的文学事业的开始。但我还是很怀念当时的朋友们，也怀念那个阶段，它对我的写作挺重要的。当然，太早进入文学，什么东西还没有想清楚，热情和表达欲支撑的东西意义不是很大，但是这个体验对我来说是很重要的。我们那个群体之间联系不是很密切，平时就是网友，分布在各地，但那还是一种群体，有互相的影响。

这代写作者让我看到很多尖锐的、叛逆的，和社会、和体制的格格不入的东西。

另外，我觉得当时“新概念”那批人，他们具有的不完全是一种文学才华，而是综合素质的体现，所以他们当中很多人，虽然没有从事文学工作，但在别的领域里也做得非常出色。而留下继续写作的这么几个人，我们的文学起点并不是直线通向我们的文学事业的，前面的路怎么走，其实是没有现成的，中间有很多曲折。每个人都很不容易。不过现在，我在那些当年的同伴身上，依然能看到一种锐气和骄傲的气质，这种骄傲不是说不把别人放在眼里，而是追求更新的、有意思的东西。

吴越：你们好像都经历了一个从青春文学作家到严肃文学作家的转型，你怎么走过这个过程？

张悦然：在“新概念”作家出名后的第一个转变是我完成大学学业，从新加坡来到北京生活。刚到北京过得很自由、很开心，那阶段出版的作品，比如《水仙已乘鲤鱼去》等，也都算有自己的痕迹，是本色的书写，虽然和现实关系不大，情节也屡屡失真，但里面那种强烈的感情，似乎给读者留下了很深的印象。现在看来，我那时候还没有摆脱那种“我很痛苦，你们要看着我啊”的自恋和自怜，我的小说观念还停留在认为应该要让读者喜欢里面的人物，由此建立起读者和作者之间投射关系的阶段。但很快我就到了二十七八岁，有点焦虑，随着时间的推移，必须要转变。

我们这代人是早慧的，但是晚熟。“新概念”作家到了十九、二十岁的时候，有自己的一套想法，而且好像把这套想法已经说了很多年，但并没有完成属于自己真正的东西。教育使我们没有办法完整地认识这个世界，也没有有意地去拓宽过。长大这个过程很缓慢。虽然八〇后都三十好几了还在说“长大”，听起来有些矫情，但一个人他并不是结婚了生子了就长大了，只有认识父辈，才算是真正长大。《茧》对我来说是长大之前必经的路。

吴越：你最注重自己的什么能力、品质？

张悦然：我比较注重的能力，一是坚持和坚定。我的目标确定以后，无论多困难，我还是会坚定地把这件事情做完，这是一种持久的耐心。这是在喧闹的世界里需要的东西。第二个就是，我有一种充分感受和了解别人的热情，换言之就是对人感兴趣，不然写出来的小说会是冷冰冰的。再不同的人，我也会想去了解他。人的性格是各式各样的，千奇百怪，没有好坏之分，只是有的人做出的选择可能会不太利于他得到比较好的结果。另外我始终追求在写作上作为一个独立的人格、一个中性的人格，任何“人生大事”都不能打断我和干扰我。

吴越：如果未来的岁月里你还能获得一些进步，你希望是什么？

张悦然：有待于强化的品质是勤奋。我还是勤奋不够，和那些勤奋又认真的人相比差远了。他们的学习能力、接受事物的能力，都比我要好。

吴越：你还不够勤奋吗？

张悦然：我是一个很专注的天蝎座，总想专注地做一件事，但我的人生看起好像总是在同时做好几件事情，教书、主编杂志……也许因为我对世界充满好奇，总是想得到不同的经验。既然想同时做些别的事，就应该舍弃休息、玩耍的时间，而不是让它们占据写作的时间。在很多被琐事烦扰的日子里，我大概只有每天上午两三个小时能够持续、专注地写作或阅读。这是远远不够的。不过，经过了这么多年，自如地进入写作状态，对我来说已经不再那么困难。只要能安享孤独，什么时候都能坐下来开始写作。

陈河近影

陈河：殷墟归来

2016年，《甲骨时光》勾连起的海外华语文学创作历程

2011年，陈河在国内云游，问我能不能帮他个忙，接收一个从温州寄来的包裹，然后在某月某日把那包东西再带到上海浦东机场出发层。这有何难，我满口答应。东西随即寄到，体积不小，少说也有十几公斤重。我立刻明白了他语气中所透出的赧然。我用一把带万向轮的转椅充当手推车，把它们运到我的办公桌下面；几天后，又把它们装进出租车，护送到浦东机场。

等候在那里的陈河解释说，他从温州到上海的航班只能带一只行李箱，而回加拿大的国际航班可以带两只行李箱，因此想了这么个办法，让这包东西与他在机场胜利会师。我终于有机会看到这里面是什么：好几本又厚又重的大开本书，似乎是甲骨文词典之类的专业书。

但最令我感到不可思议的还不是陈河费这么大力气把它们带到万里之外的家中，而是他接下来说的话：这辈子一定要为甲骨文写一部小说。过了一会儿，陈河把他的宝贝们叠加在行李车上，缓缓推

向安检口。行李车前所未有地高耸，又令人揪心地滞重。陈河个子有一米八几，而他推着的书本似乎还高过他一头似的。当然，这一定是我的错觉。

几年时间过去，陈河竟果然带着一部极其精彩的长篇小说《甲骨时光》回来了。同时，我也看见，那组留在时光镜头里的背影仍然保持着向亮光趋近的缓步。

吴越：我在《江南》今年第一期上看完《甲骨时光》后，走到大街上，下班时分，行人匆匆忙忙从各个方向汇到一起又分开，他们的身影和面孔在暮色中模糊而柔软，使我想到你所写到的三千多年前的中原大地，大路小陌，城郭村落，那些曾经存在过的"中国人"的身影和面孔，也许和今天的我们也差不多。在我们的内心，对科技的仰仗与三千多年前人们向祖先鬼神占卜问卦的热情相若，今人对财富的追求与古人通过征战获取安全感的心理大概本质上相距不远。你的小说让我的眼光聚集在了古人的身上，使得有一个瞬间，他们如同被电影特写镜头所捕捉那样纤毫毕现。我不知道你在写作的过程中是如何处理笔下历史人物的认识和感觉，使他们在你的心里眉目清晰、声息相接？

陈河：这本书名字经过很多次的苦思冥想，最终定为《甲骨时光》。总算找到了切题的名字。这本书的最重要元素写的是时间——客观的和心理的时间。我过去的作品里也经常贯穿着时间的主题，《黑白电影里的城市》就在做一个时间的魔术。这本书写了甲骨历史的多维度的时间，里面有沟通时间的回廊通道。我一直对时间着迷，但是又不知道时间的前面是什么，经常我觉得古代的那些人物是不存在的，是后来的人们想象出来的，但同时又一直为真实的考古实物所证明——古代的人都是真实的，最近的海昏侯（墓）更是证明了帝王的真实存在。

我一直为《诗经》里的《宛丘》一诗感动，那几句诗，写出一个在风尘中不断舞动的女子，写诗的那个人凝望着她，但是他无望得到她。这个几千年的女子形象，当我一直凝望的时候，她也会给我回报。我发现她给了我写商朝的田野、城镇的线索和想象的依据，当我写她的时候，她的背后的景色和人物都活动了起来，河流的水流动了。这就像民间的故事，田螺姑娘活了起来。

吴越：你写过《沙捞越战事》《米罗山营地》两本以真实历史为背景的小说，现在又添上了《甲骨时光》。视野似乎一下子从近现代跳到了远古。是什么因缘际会使然？

陈河：2011年我回国参加活动，中间有一段时间空隙。我安排了这个时间去河南安阳看殷墟。关于殷墟以前了解甚少，小学的时候听人说郭沫若厉害，破译了甲骨文。此后我虽然长了很多岁数，对于甲骨文的认识却比小时候没多大进步。我事先没有任何打算，只是准备去玩一次而已。

在安阳殷墟博物馆，我了解到甲骨文原来都是一些意思可以理解的卜辞，有国王牙痛，有种田肥田，有出行或征战等等。之前还像梦影一样的殷商变得真实起来。我习惯去买书，在博物馆一个礼品摊子前和一个年轻的妇人聊了几句，她倒是有点见解的，推荐我买李济的《安阳》这本书。当天晚上，我在安阳宾馆里读完这本书，内心被深深触动。如果我没有买这本《安阳》的书的话，也许这一次的旅行也就成了一次普通的旅游。李济是中国早年的留学生，哈佛人类学博士。这本书他用英文书写，1977年出版，翻译成中文是近年的事。这本书讲了1921年，傅斯年领导的中央研究院史语所派出一支考古队前往安阳发掘。那个时候，中国的文人只知道在书斋把玩古董，不会到田野去发掘研究，认为那是盗墓贼的事情。当时的几次重要考古发现比如仰韶红陶、北京周口店都是外国人主持的。傅斯年是受过西方教育的目光远大的学界领导人，知道安阳殷墟的重要性，所以在当时困难重重的情况下组织了安阳考古。李济这本书叙述了考古队在安阳长达十几年的考古过程，而最后的结局让我觉得十分神奇。考古队因为国内抗战形势紧迫，准备结束在安阳的发掘。1936 年 6 月 12 日，这是考古队最后的一个工作日，他们竟然有了一个最重大的成果，在 H127 坑发掘到了那个巨大的上面伏着一具尸骨的甲骨球。这个 H127 坑我在遗址博物馆看到过，看了书后觉得更有意思了。李济这本书里还写到了安阳三千年前的生态环境、人种构成、气候和农业等。我感觉到安阳是一个充满魔法的世界，我下意识开始察觉到这里面有一个巨大的故事。一个想法马上占据了全身，让我立刻想要全力以赴做这件事。让我激动的不是殷商的帝王，而是二十世纪二三十年代那群考古专家中的一个人董作宾。他的《殷历谱》连接到了商朝的时光，虽然在《安阳》的书里只是简单写到了他的工作，但我对他的故事着了迷。这个人物身上正好有我内心对于历史的激情和沉思。

那次去安阳之后，我回到温州，从网上购到了一部分的甲骨文书籍，好几部是大砖头一样的，如上下册的岛邦男的《殷墟卜辞研究》、陈梦家的《殷墟卜辞综述》、杨宝成的《殷墟文化研究》、郭胜强的《董作宾传》等，就是你帮我送到机场的那些书。

吴越：当初你肩扛手提的一大包书，如今真的变成了一本精彩、厚重的小说。你如今大概也成为半个甲骨文专家了吧?

陈河:在写这本书之前,我对于甲骨文的知识几乎是零。但是一旦我对安阳这个事情发生了兴趣,我就全力钻进了甲骨文的学术著作里。虽然甲骨文的字不多,郭沫若说花三个月大概能读甲骨文字刻。但是我没有去学甲骨文字,我只是读专家的诠释。我这个办法是土法炼钢,找捷径进入甲骨文的世界。我仔细读了岛邦男的《殷墟卜辞研究》一书,对于商朝的历史有了非常感性的认识。之前的历史课本只有简单地讲到商朝是个奴隶社会,云云。写这样一本书,让我到处去找资料,进入博物馆,进入图书馆,找冷门的资料,这样会让我自己也产生了一种做学者一样的自豪感。我后来在网上面找到一个手里有甲骨文学术资料数据库的人,并从他那里买到了非常有用的资料。那个人最后成交的时候,问我是个甲骨文学者吗?这句话让我感到很高兴很满足,好像让我的精神有了提升。

吴越:说句实话,我当时对于你能否把一个一个甲骨文变成小说情节是颇为怀疑的。现在可以解密了吧,你是怎么做到的?

陈河：正像你说的，要是说起甲骨文的文献研究材料，那真是卷帙浩繁，但那都是一些学术的材料，对普通读者来说是干巴巴的。学术和文学的确不是一回事，要不那些博学的甲骨文学者早就写出甲骨文的小说了。写这部小说真正的困难是构建故事的情节和细节。我在经过一年的筹备之后，开始了写作，开头的几章写得还蛮顺利，但是一旦写到了杨鸣条的田野工作队到达了安阳之后开始发掘，就掉进了一个挖掘的坑里，思维一直被材料困住，想来想去就是工作队在地里面挖来挖去。是啊，他们到了安阳之后的确是在挖来挖去，而且很长时间都没挖到有价值的东西。我被阻挡在那里，无路可走。我总不能把书写成一本关于考古发掘的学术的著作吧？也不能像写那些盗墓小说一样，随心所欲写得天花乱坠。

不过，写这本小说的过程中，我已经摒弃了对类型小说的偏见。也放下姿态认真阅读了《达·芬奇密码》，买了艾柯[1]的《傅科摆》《玫瑰之名》等有历史背景的悬疑小说。但是，当我读完他们时，发现了它们都有一部《圣经》在背后作为文化的背景，有它们家喻户晓的宗教故事支撑，有共济会的历史

1　安伯托·艾柯（Umberto Eco，1932–2016）意大利作家、符号学家。被誉为20世纪后半期最耀眼的意大利作家，代表作《启示录派与综合派》，小说《玫瑰之名》。

等。而我们的文化完全不一样。如果我要写一个佛教的故事也许可以这样做，但这个故事完全不行。

我曾经想把这书写成像帕慕克[1]的《我的名字叫红》一样的书，因为这里可以写到很多文化的典故。帕慕克写的是细密画画师的历史故事，我可以写甲骨界的那些大师故事。要是这样，这方面的故事材料和典故原型会很多。但是我很快就发现我要写的故事和《我的名字叫红》不是一个类型，我可以从那本书里学到好的历史书写气质，但是那个模式不适合我的故事。

虽然遭遇极其困难，但我却日益感到我的故事是存在的，只是我还没发掘出来。那段时间我知道不可能马上写出理想的篇章，但是我的心智一直投射在内心的潜意识黑幕上。我现在想到，一个小说有其植物性的一面。里尔克是这样说的："让每个印象与一种情感的萌芽在自身里、在暗中、在不能言说、不知不觉、个人理解所不能达到的地方完成，以深深的谦虚与忍耐去期待一个新的豁然贯通的时刻。"我觉得这话说得真好，一部小说的书写，真的应该"像树木似的成熟，不勉强挤它的汁液，满怀信心地立在春日的暴风雨中，也不担心后边没有夏天来到。"中国古人说不能"拔苗助长"也许说的正

1　费利特·奥尔罕·帕慕克（Ferit Orhan Pamuk，1952- ），土耳其当代最著名的小说家。代表作《我的名字叫红》《伊斯坦布尔》等。

是小说吧。我觉得如果你的全部心智投射到你的作品写作里，就像阳光雨露，会让你心里的一个想法慢慢长出苗来。而且，当你的心智的灵光一直照射在内心的深处，某一天是会形成一颗钻石一样的东西，或者说像是某种结晶体一样放出光芒来的。当然这个过程有几种结果，也可能胎死腹中，也可能走出险境。

我知道我有完全与众不同的奇妙的想象力和故事，但必须找到一个读者喜欢的模式来施展演绎，这样一个模式应该是破译密码之类的。从爱伦·坡的小说里，我学到密码的设置办法。我曾经仔细阅读过加拿大早期传教士怀特主教一本写于上世纪三十年代的书《河南的犹太人》。书里详细写了开封的犹太人的教堂和他们的生活，写他们对于了解自己历史的渴望。而怀特主教在当时从山西的古庙里收集到了大型的古代壁画，偷运到了加拿大，如今展示在博物馆里。有一段时间我经常在多伦多的犹太人聚集区 BATHURST 街区一带转悠，去看他们的历史，想着从开封犹太人那里展开情节。虽然最后没有用上，但是犹太人被迫流浪的《圣经》故事让我把商朝被灭之后它的遗民的流浪联系起来，让商朝的遗民留下一个史诗密码。我看到了商朝被周灭了之后，商都被毁、商民离散。但是商代的遗民在很久之后的墓葬都还保留着商朝的制度。这让我相信流落山西的商民很可能会有秘密的史诗传下来，还有他们的史诗宝库的藏宝图就成了可以想象、可以解释的故事。于是有了三折画的情节，而且成了推动故事发展的主要动力。

吴越：现在我们都知道，《甲骨时光》主人公杨鸣条的原型就是董作宾，在这个吃重的人物身上，似乎也有一点你的影子，我指的是容易发生“交感”、想象力丰富和总是能化险为夷的好运气，最重要的是，你们的意识里都有一种为历史遗产负责的自觉。

陈河：写这个小说的目的我还是想要向民国的那些学者致敬。他们真的非常了不起。董作宾、李济等人做出了很大的成就，但是他们的结局并不是太好。他们离开大陆到台湾后，失去了学术的土壤，后来的日子是郁闷孤苦的。读者从这书里还能看到日本人的可恨之处，安阳发掘出来的甲骨片在后来的抗日战争撤退中损失过半，而李济的两个女儿在辗转岁月里都死去了。明义士[1]这个有正义感的甲骨学者抗战前夕离开中国，一直不得志，后来一直想

1 明义士（James Mellon Menzies，1885-1957）加拿大传教士，传教途中发现甲骨，大量收藏并精选临摹编成《殷墟卜辞》，是外国学者研究甲骨学第一部专著。

回中国，但到死了也没成行。

历史就是这样让人伤感的。我要让读者看到，历史上发生过一些事情，有很多的美感。我想让他们放下书之后，记住大犬、宛丘巫女、杨鸣条，还有蓝保光。要是记住多几个人那就更好。如果说还有什么目的性的话，那就是我觉得这本书至少可以普及甲骨文的知识。

十月文艺出版社即将出版我这本书，责任编辑王倩把书稿送进了故宫博物院做审读。最近一位台湾地区的甲骨文专家和责编王倩做了次交谈。她给予这书很积极的评价。她认为国人对甲骨文了解甚少，虽然专家写了不少书，但说的都是圈内人的话，普通读者无法读，有这么一本书是很有意义的。这位专家还为我书里用到的大部分甲骨文找到了原骨片的图片。这说明我所做的甲骨文功课是扎实的，不是在忽悠。

吴越：《甲骨时光》中写到的明义士、青木、怀特等一批国外的文物淘宝者或盗宝者形象，似乎也与以往既定的解读有所不同，你能谈谈这一块吗？

陈河：有一点我是清醒的，即使那些外国的文物淘宝者或盗宝者做了坏事，他们也不是为钱，而是为了自己的使命和理想。我并不把他们当成坏人来写。

事实上，对安阳的发掘是民国时期的学人蔡元培、傅斯年等人和外国人的一场竞赛。当时的中国考古几乎被外国人垄断，因为他们有充足的资金、敏感的知识和技术，而且那些人有冒险家的探险精神和身体条件以及技术设备支持。像楼兰那些地方，弱不禁风的中国学人进去了可能都不能活着出来。后来的形势变成了和日本人的竞赛，而这个和日本人的竞赛成了全书的动力。青木的人物来自《云岗日记》（文物出版社出版）的日本作者长广敏雄。这个作者事实上并没有参加安阳的活动，而是一直在山西大同一带做云岗佛像的照相。但是在他的书里，写到了日军在华北的情况，很真实。尤其写到他们匆匆忙忙去挖掘汉墓，他自己也觉得是破坏性的。而当时，在安阳，虽然日本人还没占领，但日本人的活动很活跃，街头上有很多日本的商号。就在中央研究院的队伍挖掘的同时，还是有大量的发掘物被日本人搞走，比如书中写到的青铜祭器“高射炮”就是一例。因此青木成了一个推动情节的人物。我从《云岗日记》里，获得这个人物的感觉。

吴越：你在小说中写到埋藏在尘封地面之下以活人祭祀的血腥，但是你也写到了杨鸣条通过天文望远镜望到太空中的星座，感觉星云之上是殷商的世界，似乎又对那样一个逝去的世界心向往之。从你的角度来说，你对殷商时期文明程度的看法是什么？

陈河：在现在的中国土地上，已经看不到商朝人的地面建筑，连甲骨文里的地名，因为年代久远也再找不到对应的地方。但是一旦把这一个文化遗址放在多维度的时空来想象，那就会有很多想象的依据。我在书里写到杨鸣条对着天文望远镜，觉得天外的星云上有殷商的王朝，这是我自己觉得一个非常有用的想象。我 1996 年时去过埃及，看到比商朝还早一两千年的金字塔、巨大的神庙、地下国王的陵寝。我还去过尤卡坦半岛的玛雅文化遗址，那些遗址上的地面大建筑已经复原，玛雅的古人有极其发达的观星术，但也极其血腥，和商朝一样总是用人血祭祀。当我写这本书的时候，脑子里会出现很多幻觉的形象，分不清来自幻想还是旅游所见。说回来，尽管商朝是个非常血腥的时代，那些祭祀真的就是杀人如麻，但是我觉得即使是这样，那个时代的人们应该是非常快乐的，也许比现在的人都快乐。以我的人生体验，财富和欢乐之间的关系不一定都成正比。我在阿尔巴尼亚的经历让我坚信这一点。在《诗经》里面有许多优美快乐的诗，那时的人们更接近自然，更加会发自内心地载歌载舞，甚至在男女交欢方面也更加自由（《诗经》有诗为证，写女性交媾之后内心安宁）。今天的人们对于商朝肯定是没感觉，但是他们对于只保留了一点点在中国的少数民族风俗和部落里的走婚啊之类的事情都很向往好奇，让他们待在深山老林去受苦不干，但对试婚之类的事情会想入非非。

吴越：关于《甲骨时光》的最后一个问题是，假设把你“穿越”到书中所写的时间里面去，你会希望如何度过一生？

陈河：若问我要是穿越回商朝愿意做怎么样的人？我肯定不愿意做一个贞人，待在国王身边，什么时候死都不知道。我倒是愿意成为那个写《宛丘》一诗的人。那个男人应该是个闲人，在市井上看那巫女跳舞，而且肚子大概不会饿着，是个爱幻想的人。

辑二

苏童五十：中国当代先锋写作样本

马为什么白颜色？——与金宇澄的两次访谈

草帽下的阮义忠

逝去的“帮主”——与倪匡谈金庸

陈村：上海最资深宅男

叶永烈：燃点 1978

2017 年 12 月，苏童应邀出席《收获》创刊六十周年纪念座谈会，会前一瞬（陈村 摄影）

苏童五十：中国当代先锋写作样本

2013年，《黄雀记》发表之初的访问

作家苏童五十岁了。要不是他在回复我的邮件中说《黄雀记》的创作带给了他巨大的满足感和喜悦感，他把这部小说作为自己“五十岁的生日大礼”，我准保想不到这一点。

我们印象中的先锋作家似乎永远年轻，而苏童又是1987年第五期《收获》“先锋作品专号”推出的首批先锋作家中最年轻的一个。其余几位：马原生于1953年，张献生于1955年，孙甘露和洪峰生于1959年，余华生于1960年。

现在，最年轻的先锋之子也给曾经的创作划了一条界河。2013年4月18日，苏童做客华中科技大学讲解“现实俯瞰小说”时，有人问起一度备受争议的《米》，他说：“那是先锋实验时候写的，杀气腾腾，实际是在做一道数学题，追寻人性恶的最大值，所有的人物加起来没有一点温情。”他还无法查验地透露，有个邻居看了《米》，说，一个正常人怎么会写出这么变态的东西，后来就不跟他讲话了。

接着的一句话是很重的：“有了孩子以后，我自

己也不再看《米》这部小说了。”

《米》是苏童的第一部长篇小说，诞生于1991年,《黄雀记》是苏童的第八部长篇小说，在我采访苏童的两年后，为他赢得了第九届茅盾文学奖。

1.

吴越：从你的新作《黄雀记》谈起吧。《黄雀记》写了多长时间？最初的灵感发轫于一个真实的社会事件还是虚构？

苏童：与《河岸》一样，又花了三年时间。故事有一个薄薄的基础，也可称为发轫。(上世纪)八十年代，我熟悉的一个老实巴交的街坊男孩，卷入了一起青少年轮奸案，据说是主犯。他和其父母一直声称无辜，跑断了腿，试图让当事的女孩推翻口供，未有结果。而涉案的所有男孩的家长，都在四处奔波，为孩子洗罪(状况类似如今的“拼爹”)。街头开始流传群众舆论，说那个女孩“生活作风很滥”。案情众说纷纭，而那个最老实的男孩后来入狱多年，他的罪行是否真实，其实是个谜。我想将这个谜带入小说。

吴越：我听说这篇小说最初的名字叫《小拉》,

这个名字不少人觉得很有吸引力，但你最终改成了《黄雀记》，出于什么考虑？

苏童：小说最初的名字是《小拉》，小拉是八十年代南京一带青年人风靡的交谊舞，很有时代特征，也是小说中女主人公“仙女”的蒙难之舞，但也因为它太“时代”了，太切题了，我最终放弃了这个书名，用了“黄雀记”这个较为抽象的名字。小说里没有黄雀，但其情节，确实有“螳螂捕蝉黄雀在后”的紧张感和戏剧感。

吴越：问几个小说文本上的问题。其一，关于那场主宰少男少女命运的意外强奸事件，你始终没有正面写，而是在当事人的闪回中叙述某些片断。不写，是一种更高级的选择吗？

苏童：水塔里的强奸事件，是《黄雀记》的核心事件之一，我没有正面描写。只是我一向的写作宗旨决定了，绝不回避性，绝不渲染性，怎样自然怎样写。

吴越：其二，全篇的视角不断转移，先是祖父，然后保润，然后仙女，然后柳生，然后又仙女，最后回到“我们这个城市”，有人说这手法轻灵而密实，像是作家在打一种绳结。为什么没有使用一个视角贯穿到底的办法？

苏童：《黄雀记》的结构似乎是三角形的，视角似乎也是三角形视角。这是在构思初期就想好的，我没有预期这样写会导致怎样的阅读效果，只是觉得这种结构稳固而锐利，保润、柳生和仙女三个人物作为点，他们的人物关系作为线，而失魂的祖父是三角形的颜色，这样的三角形铺设，有利于小说的叙事。

吴越：自从去年你又在续写"香椿树街"故事系列的消息传出后，评论界和读者表示极大的期待，但也有媒体把你算在"怀旧写作"的一线作家之列，有惋惜的意味。你怎么看待？

苏童：怀旧，是人们所热衷的词语的一个标准件，也像一顶流行的大帽子，可以戴在很多人脑袋上，不会掉下来。但对于具体的创作来说，它往往显得空洞，并不一定能与脑袋发生真正的联系。说到难度，无论什么题材，都不是难度的避风港。所有优秀的小说都有难度，哪怕是给孩子写的小说。通常来说，一个作家脑子里会装很多故事，有时候它们互相妨碍，有时候则互相哺育。这些故事并没有什么系列之分，故事的时空是何时何地，没那么重要，小说中会出现作家主观的时空规划，但一个作家的创作胸襟和理想是无法规划的，所以，时空问题，完全不能决定一部小说的得失。

吴越：以“香椿树街”和你的写作之间的关系为例，作家和长期以来书写的对象之间是一种什么样的关系？

苏童：这个世界给予作家形形色色的礼物，体积不同，包装不同，但打开来看箱底，通常就是一个村庄，一个城市，或者仅仅一条街道，如此而已。几十年来，我一直孜孜不倦地经营“香椿树街”小说，所谓流水不腐，“香椿树街”对于我始终是流水。一方面我信任这条街道，一方面我崇尚流水之功。当然，我觉得“香椿树街”在物理意义上不大，化学意义上则无限大，足以让我把整个世界搬到这条街上来。

吴越：我和《收获》主编程永新聊过。他认为，相比《河岸》，河岸是局部的、片断的隐喻和象征，而《黄雀记》整体就是一个巨大的核心象征。它在复仇与忏悔的悬念下讲述的故事恰恰是我们如何轻易地遗忘复仇与忏悔不能。他对我说，苏童以出色的技巧和凝重的思考完成了一个诘问：你怎样面对你的过去。这个问题直接命中我们这个民族的心理结构——不反省。这样的解读，你认同吗？

苏童：算一算，已经有二十八年历史了，我最重要的作品几乎都在《收获》上发表。我是被程永新“看”着长大的，他能解读我创作上的一举一动，洞悉作品流露的所有蛛丝马迹。依我对他的反观察，他似乎能忍受我的不变，当然更乐于面对我的变化，唯一不能接受的是“平庸”。让我欣慰与坦然的是，平庸，恰恰也是我时刻预防的毒菌。

正如程永新所说，无论小说在多大程度上依赖隐喻与象征，隐喻与象征总是无处不在的。《黄雀记》里的人物面对过去的姿态，放大了看，也是几亿人面对过去的姿态。展望未来是容易的，展望的结果大多为浪漫的诗篇，所谓面对过去，有一部分也容易，那就是清算他人之罪，只有自我清算这一部分最不容易，它是忏悔录，或者是反省书。忏悔与反省的姿态，是最恰当的面对过去的姿态，可以让一个民族安静地剖析自己的灵魂。面对过去，不仅是面对历史，同时让你有机会面对社会、面对他人，甚至面对未来。还有，《黄雀记》里“香椿树街”式的伦理道德，其脉络以人情世故来编织，也是国人熟悉的乱针针法，“传统”大摇大摆地掩盖理性。人们生活于其中，有真实的温暖与宽恕，有真实的自私与冷酷，有痛楚陪伴的麻木，有形形色色的遗忘的方法。但是，“生命不息，活得不易”，这已经不是隐喻与象征，而是我们的常识了。

吴越：从《河岸》到《黄雀记》，在你的写作内部，着力于解决什么问题？

苏童：从《河岸》到《黄雀记》，我写的其实都是时代背景下的个人的心灵史。这当然很重要，因为个人的心灵史构成民族的心灵史。这不是我发明的说法，是巴尔扎克说的。

2.

苏童说过，他和《收获》杂志有一种心照不宣的契约关系，几乎所有重要的作品他都会首先交给《收获》。从1986年约来了短篇《青石与河流》开始，程永新与苏童结下了三十年的友谊，并且始终站在一个很近的角度观察着苏童的文学轨迹。

在苏童身上集中了几个时代特征：最初以先锋的姿态崛起；成名过程中受益于影视改编；在商业上较为成功，是成熟的市场化的作家；跨越了文学从轰动到低潮的时期并且坚持下来，创作方向上留下了几度自我突围的痕迹。

发表于《收获》1989年第六期的中篇小说《妻妾成群》被复旦大学中文系教授陈思和认为是“新历史小说”最精致的作品之一。陈思和这样评论该小说的艺术特色：“由‘一夫多妻制’生成的封建家庭内部互相倾轧的人生景象及相应的生存原则，是这篇小说的核心意念。由于整个小说基本上是以颂莲的单一视点来叙事，苏童因而得以施展了他那种非常细腻精微的文字魅力，他极善于捕捉女性身心的微妙感受，在生存景象的透视中融入深邃的人性力量。”

《妻妾成群》在苏童的命运中扮演了相当重要的角色。1991年，中国第五代导演张艺谋把《妻妾成群》搬上银幕，更名为《大红灯笼高高挂》，于次年获得“第48届威尼斯国际电影节银狮奖”等诸多国际奖项。苏童顺势“大红”，成为严肃文学和大众市场都认可的宠儿。他的小说中，后来被改编为影视作品的还有《红粉》（李少红导演）、《大鸿米店》（原著为《米》，黄健中导演）、《茉莉花开》（原著为《妇女生活》，侯咏导演）等。

我认识苏童却是从“香椿树街”开始的，那是苏童的另一个面相。一条虚构出来的南方的街道上，飘洒着城北工业区的烟灰和冷漠，一些与作者同龄却停止了生长的少年叫嚣隳突于灰色的天幕下。

1984年发表的短篇小说《桑园留念》大概是苏童“香椿树街”系列写作的起点。一直到二十世纪九十年代末期，他以数十个中短篇为这些比儿童更冲动又比大人更残忍的青春少年作传（这批小说又被称为“少年血”系列，是那个时代的“残酷青春物语”的代名词）。在这个系列中，还包括发表于1993年的长篇小说《城北地带》和1997年的长篇小说《菩萨蛮》。

年轮转动到新世纪，苏童的改变风格之作、出版于2002年的长篇小说《蛇为什么会飞》并没有取得理想的反响。评论界由此产生一种较为普遍的看法，认为苏童的文学创作趋于沉寂。程永新则把这段时期认为是苏童的调整期，原因是苏童在年轻时达到的高点太高了，后来必然要经历一番调整，调整好了，就能着陆在一片新的大地上。

“其实，二十世纪九十年代末，一批实力派作家都在往下走，这不仅是个人的问题，也是文学本身的问题。”程永新的眼中，无论顺境逆境，苏童一直在以职业作家的心态写作，中短篇之外，从《米》诞生的年头1991年算起，基本上每三年完成一部长篇，保持匀速态势，“一直在往前行进，即使是‘蠕动’”。

2005年，英国坎农格特出版公司（Canongate Books）发起“重述神话”国际写作与出版项目，来自全世界三十多个国家的作家参与其中。2006 年，苏童交出了“中国篇”之《碧奴》，在改编中重述“孟姜女哭倒长城”的中国传说。他让碧奴为了生存而练就九种哭法，这九种哭法勾连起人类共通的悲伤。“不管生活在地球的哪一个角落，人类有共通的人性，以及互相可鉴的命运。中国人的故事最终还是要揭示人类共同的处境与问题，以此打动世界。”

《碧奴》使苏童度过了调整期，他进入到《河岸》的写作。

《河岸》主人公库文轩是烈士邓少香之子，在动荡年代遭到诸多质疑和磨难，这是一部让生命在磨砺中体验的长篇小说，叙述上保持着苏童的细腻与灵动，向读者讲述了一个关于信仰、关于生存的故事。小说充满了神秘、伤感与无奈。《河岸》获第三届曼亚洲文学奖（2009）和第八届华语文学传媒大奖（2010）。

《河岸》证明了跨过了新世纪的苏童还是苏童。同时，另一种变化悄然发生。苏童那支予人阴郁冷酷之感的笔尖，开始浸透市井家常的温情，在艺术上隐匿了幻魔般的色彩而向现实靠拢。

2013 年 2 月 22 日中午，苏童给程永新发了一封电子邮件，附件是一篇名叫《小拉》的长篇小说。

故事重新发生在“香椿树街”上，像一次归来。二十多万字，表面看是在说一桩早年错案遗留下未尽的罪与罚，但并非那么简单。小说的氛围、对话仍然是苏童式的诗性、细腻、含蓄，他像剥洋葱般层层剥开一个原本可能会俗套的故事，但真相大白只是小说的中点，往后才是重点戏，张力十足。

新作让程永新有了意外的感觉。苏童变了，他是一贯轻灵的，此番变得“重”了，但回头一看，他的变又是有迹可循。“他在沿着《河岸》的思维继续往前走。相比《河岸》，河岸是局部的、片断的隐喻和象征，而《黄雀记》整体就是一个巨大的核心象征，直接触及我们这个民族最深处的东西：你怎样面对过去，面对历史，面对你自己。”

紧接而来的是高兴。《黄雀记》是作家再度“飞起来了”的标志。

苏童倾向于以一种温和而散漫的口吻掩饰他在写作上的长途跋涉。在一次作家的聚会上，他说：“写作对我个人来说的意义是：不写作也能活，但因为写作，我活得更好。”他还说，自己的创作心态有似于散步：走走看看，信马由缰。

就在一个中年人回到一条老街的“走走看看”中，苏童再次成功突围。

金宇澄肖像（潘建东 摄）

马为什么白颜色？——与金宇澄的两次访谈

访谈

一

这是关于《繁花》最早的采访与述评之一，此时《繁花》在《收获》长篇专号秋冬卷刚发表不到一个月。

2012年10月19日，关于《繁花》的采访。

采访地点：巨鹿路玛赫咖啡馆

见金宇澄之前，心情比较紧张。风传他就是小说中的阿宝，“宝总”见多识广，阅人无数。但不能不见。三十万言的小说《繁花》发表在《收获》长篇专号秋冬卷上，很快引起圈内外注意。注意，这次圈外的反响比圈内更热烈，弄堂网上有长达七十页的跟帖，网友们一个劲地吼“爷叔，下文如何”；

微博上有人这样形容这部小说在语言上的奇特之处：懂上海话的会很自然地用上海话去读，不懂上海话的用标准普通话去读也能正确理解。“舍不得一口气看完”，读者依据口口相传，陆续光顾报摊，虽然其中的大部分人对金宇澄这个名字十分陌生——除非有机会看《上海文学》的版权页，知道他是这本文学杂志的常务副主编。

这期《收获》可能要加印。不奇怪，仅我一个人就带动了三本《收获》的销售：自己读一本，送给母亲一本；姨妈从杭州来沪，见母亲在读，翻开头几页就见作者手绘的人物活动地图，陕西路文化广场，淮海路国营旧货店，南昌路上海电影院，复兴公园，思南路邮局，这不就是小时候的世界吗？当即决定买一本。这种着魔的效果，按评论家程德培的话来说：“读《繁花》之于我来说犹如招魂一般，我那早已迷失的少年记忆随之涌现。”

程德培在评论《你讲我讲他讲闲聊对聊神聊》中这样介绍作者：金宇澄，早年黑龙江插队，回沪后工厂待过，喜欢交往，熟知上海滩许多地方的马路弄堂，凡流行风尚、吃喝娱乐也并不陌生。《繁花》发表于《收获》的责任编辑钟红明和作家西飏都跟我提到，老金在写小说之前，主要是“说”。在各种聚会、饭局中，他滔滔不绝，包袱，大故事套小故事，像魔术师从帽子里拉出花来。“饭桌上，他经常娓娓道来，”西飏说。《繁花》是他中止小说创作时隔二十年后重新拾笔之作，也是上述口头故事的纸面沉淀。

巨鹿路玛赫咖啡馆靠窗两人座位，中年瘦长男子就是金宇澄。开口上海话，随后自然过渡到普通话，这是沪上文人讨论正经事的必经过程。若非沪语广播专业人士、上海滑稽曲艺演员和方言研究者，通篇上海话基本上是良好愿望。不过金宇澄在他的小说里达成了此类愿望。他将很多上海口头语转化为上海书面语，从音、意上达成与普通话的最大兼容。比如，小说中没有“没有”，只有“无”；没有“站起”，只有“立起”；没有“是吗，好吗”，只有“是吧，好吧”；没有“侬”，也几乎不出现“你”；没有“有点儿”，只有“比较”；没有“的时候”，只有“阶段”……更多的气息，节奏，腔韵，气氛，甚至动作的敛放，时间的缓疾，是通过逗号和句号来调节、指挥。通篇也只有逗号和句号，没有双引号。人物在叙述中对话，在对话中叙述，更多时候，对话就是叙述。对话进行不下去的时候，有一个人就“不响”，作为收束。整部小说里有一千多个“不响”，各种表情达意，各种心理活动，胜于有声。“整部小说几乎全由闲谈、闲聊和对话组成。”评论家程德培从《繁花》中看到了在中国有着悠久历史传统的讲唱话本的传承与上海市井生活趣味与经验的结合。而作家西飏说："《繁花》的路数，几乎是现今小说潮流的相反方向，它的叙述部分被压缩至最低限度，对话量则无限放大，并承担起许多原本叙述的功能……写上海和上海人开口没那么容易。"

金宇澄新奇地搜集着各类读者对《繁花》的反应。上海人读来怎样，上海以外的江浙人读来怎样，江南以外的中原、北方人读来怎样；同龄人读来怎样，小辈人读来怎样；传统文学读者读来怎样，网络文学读者读来怎样。给人的感觉，这次集结了数百个上海故事的"话本"小说实验的最远指向是上海以外。假设有一个满嘴"儿话音"、平时根本不看传统文学的北方小青年在网上发帖说"这小说整得有意思"，老金就攀上了幸福的顶点，达到了他的目的。"我写上海是以上海以外的视角写的，我写上海话是以北方人可以理解的立场来写的"，与沉浸写作时的狂喜与自信不同，交出了作品的金宇澄表现得纠结万分，说他十分害怕大家把《繁花》看成一篇方言地域小说。他之所以做了这么多抹去阅读障碍的工作，就是想要达成南北沟通，传播上海生活的有趣，上海话的有意思，"反映时代对一代人的磨洗"。不是封闭自赏的，是向外敞开的、邀请的姿态。

金宇澄问："你从小说里读出什么来了？"

答：“总算知道了上海爷叔们过过哪样日脚，想过啥个事体。书面语叫：心灵史。”

以下是访谈实录。

吴越：听说《收获》排印前你还想往里面加东西，有这件事没有？

金宇澄：这篇小说是一棵圣诞树，可以永远不断地挂东西上去，我也可以永远不断地加下去，它可以无限丰富，因为这个题材的上海太丰富了。我加的不是水分，不是废话，是真实、生动的东西。送《收获》前我就改了十遍不止，明年出单行本，我又已经改了三四遍，加出来四万多字。

吴越：这四万多字是什么内容？

金宇澄：没有重要的改动，算均匀地润色吧。一些人眉目不清，我多勾几笔，有的对话对来对去蛮好玩的，我让他们再多对几句。诸如此类。

吴越：很多人好奇你肚子里怎么有这么多故事要讲。

金宇澄：讲故事是我写作的动力，就是一个很朴素的愿望：我告诉你们一些不知道的事情，大家都知道的事情我就不去写了，而且我要写得很好看。我故事中人物形形色色，很多是社会夹层中的人，就是不大有作家写到的市民层面，但他们是城市的主要阶层。你觉得故事有趣，是因为我用了很多作家疏忽的、丢弃的材料。我用“边角料”写成这部小说。

吴越：你平时怎么搜集故事？

金宇澄：这小说看上去有很多故事，别人都以为我记忆力超群，能记住那么多事情，实际上我并没有刻意搜集。很多故事就是在饭局上听来的，比如那个日本老头的故事，那个小保姆嫁外国人的故事，等等。但只要听那么几句话，精神头就有了，关键的、鲜活的、意料不到的东西也有了，你完全可以发挥。再比如小琴的故事，就是我从电视新闻里看到的一条社会新闻。好故事听到了，我不做笔记，就是在心里过一遍。到写的时候集中起来，无意中就呈现了一种城市生态。这个世界就是由各种各样的故事组成的。我心里有数，上海的一些曲艺人士会来我这部小说里找好玩的地方。

吴越：谈谈你怎么让人物“讲话”的。

金宇澄：这确实是很难的一件事，我不知道改了多少遍。一开始在弄堂网上发帖，这种书写是很生涩，写到中间开始熟练了，到后面可以说纯熟，掌握了我自己摸索的技巧和经验。你知道沪语写作困难很大，很多句子不通文，我一直在轧头寸，一直在拿捏。我也尝到了长时间母语写作的快乐。现听到部分读者说，从来没有这样长时间沪语阅读经验，我但愿这份语言的特点，可以提供给所有读者一种特别的阅读体验。

在书的封底我准备不要名人推荐，要引用穆旦那首诗："静静地，我们拥抱在/用言语所能照明的世界里/而那未成形的黑暗是可怕的/那可能和不可能的使我们沉迷/那窒息着我们的/是甜蜜的未生即死的言语/它的幽灵笼罩，使我们游离/游进混乱的爱的自由和美丽。"(《诗八章》)

吴越：这部"讲话的小说"让人觉得像评弹、说唱话本。

金宇澄：文学发展到现在，样样办法都有了，反倒是传统技法是可以重新借鉴的。我在这个小说里以弹词、话本的技巧包裹了很多西方技法元素，发现老百姓也能喜欢。以往我们受到西方文学影响，往往落实在小说中有大量的人物心理描写，人物这样做时想什么，那样做时想什么，但真有那么多可想的吗？或者需要把他想的公布出来吗？中国人吃饭是一大桌人在一起搛菜，七嘴八舌的，不是西方的分餐制，聚焦个人，言语无声。我的实验，不要心理描写，回归传统，以中式的文学审美，给市民阶层以他们应该有的节奏，让这个故事容纳更多的人来人往。

吴越：小说中的人物都有原型吗？

金宇澄：是的。只是有些做了大量嫁接。文中的小毛也是生活中真实存在过的人。他是我好朋友，当年一起去黑龙江务农，火车上，他就坐我对面。回沪后他就在工厂里看门，虽然我后来做文学杂志的编辑，好像“高雅”了，我们交往还是很多，他会在过年过节拿着工厂食堂做的月饼来看我，说，“不是给你的，是给侄子的”。很多故事都是他讲给我听的。他去世了，这扇门就关掉了。我心里很难过。

吴越：你有二十年不写小说，怎么又写了？

金宇澄：可以看成是对当下小说同质化的反抗。现在小说里的相同经验太多了，我做文学编辑要看大量小说，现在的语言、叙事，如果遮掉小说作者的名字，看上去都像是一个人写的。很多人现在提起笔就写，没想到建立自己的特征和技巧。语言、手法、故事讲得太雷同了，我一看，作者又这么写了，就很疲倦。

读者喜欢什么样的小说呢？我不知道。我是在去年5月份开始在弄堂网上以“独上阁楼”为网名一段一段发帖的。这个网名取自我发的第一段话“独上阁楼，最好在夜里”。写一些有趣的人，一开始就几百字、几百字地发，很快就有网友跟帖，“爷叔，写得好”“老克勒嘛”，这种感觉很好，我一直琢磨的，不丧失文学立场，提供更有趣的内容，让读者满意，这样写下去，11月份完成了初稿。有一天写到陶陶和沪生在菜场相遇，陶陶说“你进来”时，我忽然有了感觉，觉得这是小说，要做结构了，逐渐变成每天一千字，甚至后来的五千字。我对弄堂网心存感激，对当时鼓励我的网友心存敬畏。

吴越：有没有影视剧来找你改编？

金宇澄：目前还没有。我觉得不太好改编成影视剧，画成连环画倒是蛮好的。不过现在还有人看连环画吗？

访谈

二

2017 年 5 月 3 日，关于《回望》的采访。

采访地点：陕西南路汉源书店

2012 年秋，长篇小说《繁花》悄然面世，随即轰动，畅销，一路拿奖，至 2015 年获茅盾文学奖，一口气“登顶”。如此横空出世——这在顶层深固的文学市场上，几乎是个奇迹。其间，《繁花》影视版权被王家卫买下，时不时冒出选角新闻，一阵嚣腾。

上海作协小楼，常有不同人群扛着机器来《上海文学》杂志社拍“金老师”，而他总是在那间他做了二十四年编辑的旧房间，堆满东倒西歪书的书桌一角，接待电视台、电台、视频网站、报纸、杂志……种种询问与探究。夏天，身后阳台爬山虎绿得烂漫，秋冬，瑟瑟西风从南窗穿过。采访间隙的静时，他会低声重复一句，“到我这个岁数本不该再写作了”。他怀着不能泰然领受的愧色，自比忽然成名是“老妪怀孕”。

几家出版社殷勤介入，使他的旧作一些一些整理出来，人们又才发现，他不仅会写上海的时尚变幻，还会写东北的野地、苞谷、钉马掌，不仅会写一场一场评弹般的饭局，还会写劳动，写饥饿，写惊心动魄的死亡。对金宇澄的认识，缓慢铺开一角，但直到他追迹父辈生命历程的《回望》出现，你才可能在刹那间看清，金宇澄写作的前史与背景、愿望与意义。

像瓮中陈酒，金宇澄的故事是一点一点流泻出来的，而现在比前几年更适宜品味了。

1

1955 年 7 月 15 日，姚云给丈夫程维德写信：“舒舒在托儿所最爱看书，爱看花，玩具一玩就厌，但在家搭积木很认真。……现在很会讲话，对新鲜事总要刨根问底……”她很有兴致地记述，写这封信的上一个星期日，抱舒舒去看医生，有人牵一匹白马走过，舒舒盯着马看很久，睡午觉时问了一串问题：马为什么白颜色？有绿颜色的马吗？拉它到哪里去？为什么马要背一只袋袋呢？袋袋里有什么东西？

金舒舒最初与马的对视与发问，折叠于陈年信札中，一个甲子之后，小说家金宇澄——也即当初的金舒舒，展读母亲记录自己幼儿时期，感觉是“一个陌生人的故事"，但他仍然记得那匹白马。二十世纪五十年代，上海淮海路街头，确实有马匹的活动。清晨有人牵着挂铃铛的母马走过，挨家挨户叫卖马奶，有人要买，当场就挤。那时居住上海西区的孩童，有金宇澄，也有王安忆。类似景致，王安忆在《弄堂里的白马》里亦曾提及。上海街头的白马，惊异了多少童眸。

1968 年，金宇澄初中毕业，加入 1969 年"上山下乡"的"一片红"喧嚣，船载车运，他被投放于东北边境黑河的嫩江农场——在寒冷的原野上，他与马匹真实结缘了，"每夜数遍起身添草，空气臊浊不堪，只嗅到一点豆秸、三菱草那种切碎了的、秋天野花的气味"，他见识到"世上没别的动物，有马那样高大而温良"，动容于马匹敏捷高贵、羞怯多动的品行，终身被使役，"是人世间最昂贵最卑贱的活财产"，只在偶尔的时刻，它们才显露刚烈的本性。

马匹一样沉默的劳作，半军事化的环境，一切都那么生疏，田间采下的青椒，本地人吃苹果那么拿起来就啃；凉菜"大拉皮"，生拌的卷心菜、胡萝卜丝，一切都与当年的上海习惯不同，难以下咽。反过来，几个上海小青年到田间采一铁桶的青毛豆，马厩里抓一把粗盐煮了就吃，当地老乡同样感觉极其怪异："你们究竟是人还是牲口？这是破坏革命生产！"

很短时间内，金宇澄在田头吃午饭，已可以随老乡一道，折断树枝当筷子。难得吃一回肉，他和众人同样，下筷如雨，即便搛出一只误入热镬中屈死的小老鼠，也只是随手弃之于地，继续下筷，吞咽。八年中，他变身为北地的熟练农人、泥瓦匠和马夫，内心的上海生活细节，也越来越清晰。他完全理解了对于“上学”“病退”重回大城市，何以是一种越来越流行的理想。患胃溃疡以后的一个月中，他曾经冒名为六个上海青年进行胃部“钡餐”检查，最后被放射科上海老医生察觉制止这自弃式的“疯狂”。青年的他，热气腾腾，对前路却刻意颓唐。这一切，又要从本文开头，母亲写给父亲这些信文说起。

2

父亲原名金大鹏，学生时代加入中共秘密情报系统。1940 年来到上海，受中央社会部系统的吴成方领导，化名丁弢，在汪伪背景的《市声》半月刊任编辑，按指示迁入今复兴中路淡水路一处居所，与系统的同道程和生（后牺牲）假扮兄弟，从此化名“程维德”。1942 年 7 月 29 日深夜，给中共情报系统提供情报的日本共产党员中西功被捕，供出多人地址，父亲在寓所中被日本宪兵队逮捕，刑讯多日，下肢几乎瘫痪，未泄露系统的任何秘密。1942 年 10 月，他以“妨碍社会罪”被判刑七年，关入南市车站路汪伪监狱及杭州监狱。1944 年底，经组织帮助，以“重病保外治疗”

方式出狱，后在汪伪宣传部电影检查委员会工作，次年奉调淮南华中情报部，经过多次汇报谈话“被捕出狱经过”，得到审查结论——“被捕后的表现是好的，经过了党的考验”，但并无书面结论，为十几年后埋下了隐患。

父亲与母亲的相识，是这次牢狱之灾带来的意外补偿。姚云是复旦大学中文系学生，活泼秀美，家里经营银楼，衣食无忧，一如那个年代培养浇灌的大量青年，思想进步，渴望救国。抗战胜利后不久，姚云在老师朱维基家，见到了一位大她七八岁的陌生男子程维德，他是 1942 年朱维基蹲南市监狱时的难友，时为《时事新报》新闻记者。朱维基当时办了一份《综合》杂志，发表过姚云所写一篇巴金《憩园》的读后感，而程维德在这本杂志上写过不少才华横溢的社论和散文。共同爱好文学的关系，两人开始交往，程维德常常主动打电话来，借书、还书；姚云也曾随程维德参加国民党市府的记者招待会。两人相恋数年，跨越上海解放、新中国成立等大事，于 1950 年成婚，彼时，姚云从华东军事政治大学“短期训练班”结业，夫妻双双在上海总工会工作。

1955 年 4 月，维德调任华东海员工会当秘书长，5 月，全国开展“内部肃反运动”。那时他们已经有三个孩子，前两个都是儿子，后一个女儿，老二因生产时特别顺利，取名“舒舒”。6 月 7 日夜，维德留下一张字条，称有要事去北京出差，没写去哪里，带走了一些替换衣服。起初姚云并没在意，不料这一去如断线风筝，二十多天杳无音信。直到 6 月 28 日，家里忽然来了陌生人，带来一封没封口的信，是维德报平安，称是去完成“组织任务”，仍然没有回函地址。姚云当晚写了回信，来人第二天来取。如此一来二去一直通信，姚云事无巨细记录家中老人孩子的大事小情、财政支出、工作情形——关于二儿子舒舒的萌言萌语，就这样写进了 7 月 15 日的信中。维德有信必复，洋洋洒洒，谈天说地，但是一直回避“为什么一去不回”“什么时候能见面”等问题——事实上是他无法作答。他本人早被禁闭在一幢陌生小楼里，反复默写交代材料，很久以后他自己才知道，小楼就在淮海中路，离家只有两站路。

悬心等待四个多月，等到了组织方面找姚云谈话，宣布维德是“潘汉年案”成员，已被正式逮捕，开除党籍，工资停发，至此，丈夫再没有片纸来函。

经济拮据，孩子们都不再去托儿所，单位分配的住房随之被收回。这个革命家庭早期的完整、静馨与甜美，就此停顿。

3

父亲回家是在 1956 年底。他的结案，留了一条长长的尾巴。虽查不出与“潘案”更具全的内容，仍然被调至轻工业工会当一般干部。母亲则下放农村劳动锻炼，每两周回家一次团聚。

1959年，上海市建委在湖州小梅口建水泥厂，父亲被调去筹办，母亲决定也一起去湖州，甚至做好了迁户口的准备。就此父亲做总务工作，上海、湖州两地跑，母亲驻湖州，中文系的学历，却去负责水泥厂化学实验室创建工作。家里常年由保姆照顾着三个孩子和祖母——对于金舒舒而言，儿时最亲厚的人是从黎里老家来沪的这位老者。若干年后，读者在长篇小说《繁花》中，读到蓓蒂和绍兴阿婆纷乱时世的相依为命，想必是这份祖孙情的再现。

1960年，水泥厂转交浙江方面经营，母亲才得以回上海工作，一家人再次团聚。当时金舒舒已经上了小学。他遇到了社交的障碍。“舒舒”两字无论上海话还是普通话读来都不甚好听，且作为一个男孩名字，多少有些怪异。父母忙于自身处境的劳作，见报上号召全社会支持“民办小学”，就为他报了名，根本不知道这种非正式的小学，条件一塌糊涂，教师是初通文墨的上海弄堂妇女，教室也就是弄堂居民家，与新中国成立前张乐平先生画《三毛流浪记》中弄堂小学，楼上人家洗衣漏水，楼下或楼梯台阶坐着打伞上学的小孩殊无差异。因为地点都由弄堂热心志愿者提供，常会变动，这学期在长乐路、新乐路，下个学期可能就在思南路，频频换班。每换一个地点，插一次班，老师就在黑板上书写“金舒舒”三字，在哄堂大笑中，介绍这位新同学。老师经常拎这个小学生的耳朵，金舒舒因此沉默而内向，习惯性逃学，性格孤僻，不喜交友。他总是独自游荡街头，手持一枚大铁钉，每一天在陕西路“凡尔登花园”的围墙上，一路画一长道深痕；在小书摊翻书，去襄阳公园收集植物标本。俟“文革”初期的某一天，少年金舒舒终于提出来，他的名字过于资产阶级化，要改，父亲才似有所悟，引了毛泽东《七律·和郭沫若同志》“金猴奋起千钧棒，玉宇澄清万里埃”句，为他更名“宇澄”。

虽在知识分子家庭，但不曾有谁明确地把他往文学的道路上教引。他少年记忆中，父亲被定格为一个长期独坐伏案的寂寞身影，父子间很少交流。父亲曾做过多种职业，包括记者、编辑、剧本作者，喜欢旧体诗，颇有写作才能，但自儿子记事起，父亲的全部写作就是追迹和申诉。针对不同的问题，每一份都很长。

其实能与父亲共话一室的机会都是稀少的。“文革”前夕，父亲被安排在地处上海郊区吴泾的建工局技校当语文老师，每周在徐家汇搭校车回家一次，还常带一大摞作文本回来逐字逐句修改，留给儿子的时间极其有限。“文革”开始，从 1965 年秋到 1979 年 3 月被彻底“平反”，父亲扫了十年学校厕所，写了十年“交代材料”。

说起来，母亲出身复旦中文系，同样雅好文学。但她的工作长期是宣教、动员、布置展览，去工厂做深入的女工调查等，从上海总工会机关转到湖州水泥厂后，更是彻底改行学水泥配方。引发金宇澄对文学兴趣的，是“文化大革命”期间的地下阅读氛围，是八年北方生活接触的 1949 年前后西方 / 苏俄小说，是图书馆系统中流出的“毒花毒草”在社会毛细血管的输送。

最初的写作练习，是他在东北时期大量描述东北的生活情况、黑龙江和上海的反差的信。主要的一位上海信友，没有下乡，大他三岁，熟读黑格尔、叔本华，有一次对方在回信中说：你写得太好，以后应该可以写小说。

其时他也给家里密集写信。写所见的东北劳改农场情形。父亲的复信里，对这些都不予回应。这种搁置，要等很多年父亲去世后，他翻检父亲 1942 年的狱中通信、1953 年调查监狱制度报告等等内容，才能够正确解读。他才明白，当初他信中强调的那些景象，父亲是完全懂得的，只是父亲“不响”而已。

4

1978 年金宇澄返城，进入一家钟表小企业，这个范围的人们，热衷于钟表的“校快慢，擦油，理游丝，调换钟表面子，点夜光粉”。工余时间，他会翻开一本破书，怕别人对他讲钟、讲表，怕听嘀嘀嗒嗒声音。践如那位信友的预言，在后来的几年里，他觉得可以写小说，可以投稿。1985 年发表处女作《失去的河流》，次年发表《方岛》，获得了两届《萌芽》小说奖——那时《萌芽》还不是一本青春文学的刊物。1987 年，《风中鸟》获了《上海文学》短篇奖。1988 年，金宇澄调入《上海文学》任编辑。

回到上海后数年乃至十数年时间里，金宇澄一直在追溯东北记忆，历历在目：他写出上海女青年眉宇间凝结的恬淡和愁绪，引动男青年思念“连绵阴雨的马路、弄堂、江南丝竹，以及深夜沪剧女角的唱段”——是在东北洋葱田里劳作时，感受到遥远的上海（《不死鸟传说》）；他写冰天雪地的站台（《夜之旅》），写“六百公顷的玉米在视角里难以形容”（《欲望》）；他写被评论家以为作者是“北方作家”的村妇故事（《譬喻》），以及棺材匠的苦恼（《风中鸟》）；他写到诸多难以忘怀的知青死亡事件——“阿桂”的故事，在经历了三十年世事淘洗后仍不能平息与释怀，于 2011 年还原、丰实为更长篇幅的非虚构《碗——死亡笔记》，在该年《钟山》杂志发表。

他渐渐写一点上海，基本是富于画面感和故事性的散文，像是慢慢恢复了对这座城市的话语权。金宇澄 1988 年的短篇《标本》，似乎暗示着与东北题材的

白马（金宇澄 绘）

告别。小说中，博物馆晦暗潮湿的大厅深处，几匹白马的肚腹已被掏空，眼眶中装了玻璃假眼，制作员移动马匹的庞大躯体时，马蹄磕碰了精细、陈旧、华贵的栗木地板，“这种缥缈不定的声音，如同梦里的碎步”。

黑河在远去，白马入梦。上海归来，肉生肌丰。

中国当代文学观念重“乡土”轻“城市”，金宇澄则发觉城市中也有泥土——丰富的有机质——也就是人脉。城里人都有其出处，你从哪里来，上一代人过得怎么样，如何维生，如何变迁，同样形成丰富、生动的景深，尤其上海这样的移民大城市。金宇澄父氏家族吴江里黎的古镇传奇，与母氏家族从南京、宁波迁至上海南市、开银楼兴衰的经历，在血脉的阡陌中微翕响动。他绘制了不少的上海地图，其中一幅标出父亲母亲于1965年之前居住过的地点，竟有近三十处，包含上海“上只角”“下只角”，纵贯南北，遍布市、郊。

城市其实同样辽阔、深邃而致密，如田野，如山峦，如溪涧。人们如植物般展开茸须与触角，在疾驰的日脚中扎根或飞翔，留下声音和故事。

5

在父亲眼中，儿辈写作成为小说家，成为文学编辑——在某种程度上，应视为自己的同行，但他从不乐观其成，相反几乎是忧心忡忡地侧窥着。1987 年，父亲在《日瓦戈医生》封三的白页上写的铅笔字："……反映当时的动荡、饥饿、破坏、逮捕、投机分子和知识分子的沮丧，都是事实，但作家的任务是什么呢？知识分子绝不是沮丧和黑暗的。"进入老年，父亲的话越来越少了，只这样在信件和读书笔记中写一些感受。这段激扬的、有警示色彩的话，金宇澄认为，是"我爸为我写的"，像是寄语。因为，青年作家金宇澄，似乎表现为父亲年轻时的反面——较为"消沉"。

父子之间，通过如此间接的方式进行交流。

在金宇澄的整个成长时期，父亲几乎都是不在场的，但父亲的"问题"却总是在场。时代之手就是这样极其顽劣地在千万个家庭、几代人的命运里捏造了一些永远的隔阂和障碍。

金宇澄所在中学有插队去东北农场的名额。因父亲的历史问题，军垦、兵团是不能去的，金宇澄毫无选择，平静地报名。

此后双方关系便进入传统的"中国式父子"模式：情深如海，无话可说。父亲一生的跌宕，生前几乎没有完整对家人说过，只有在父母亲偶尔因遇见某人或某事而起的交谈中零星听到一些。出于对文学、历史画面的敏感，常常只说一遍他就能记住，比如日本人监狱里听见日本狱卒唱俄文歌、狱中如何的饥饿状态，汪伪监狱的混乱管理……

二十世纪八十年代直到离休，父亲似乎平静下来，一直做上海工人运动史的研究。九十年代有几年时间里，父亲与一位马姓旧友隔天要通一张“明信片”。当年这位老友搭救他出狱，但两人之间无“横向联系”，碍于纪律无法相谈，而后 1949 年至“文革”疏于往来，又过几十年，重新联系上，已都入老境，终于可以密谈。反正都是别人看不懂的旧话，双面蝇头小字，工工整整，直接写在明信片上，你来我往，十分热烈。几年之后，老友去世，家人将一厚沓明信片奉还。从此，再无人可话当年了，父亲将明信片锁入抽屉，不再翻阅，更为沉默。

2011 年 5 月的某一天，金宇澄在弄堂网上以网名“独上阁楼”写了开场白，最初只想写自己所知的人与事，在跟帖者“追更”声中，无意间写出一段密集的人物对话，胸中无数话语压抑不住地开腔，他忽然意识到，这是长篇小说开始的一种独特的调性……这也就是写透上海世态人情、时代幽明的近四十万言《繁花》。

翌年秋，《繁花》在《收获》刊出，2013 年 3 月由上海文艺出版社出版单行本，父亲翻看过这两个版本，不知是否读完，不发一言，在该年的 6 月去世。在这部小说的深处，金宇澄藏匿了父亲离休后与情报系统老上级在静安公园茶室碰面的画面：双方凑得很近，照旧压低声音说话，犹如旧时接头，对方穿来了1949年前压在箱子里的全套西装，举手投足，如出土文物。父亲告诉对方，时代已经结束了，这代人、包括他们的仪式感，已失去意义——金宇澄至今不知道，父亲是否读到了这些章节。时间被彻底停滞了。

父亲去世后，母亲情绪很差，往事纷繁，同样体现在她不时翻看的旧相册中，话头绵绵无尽，金宇澄请母亲依照片写下时间的说明次序，等于一个人最后对自己的证明。在半年内，母亲做了两大本的剪贴，完成了给自家孩子看的“口述实录”。在整理物件期间，母亲交给他三封父亲给马姓朋友的旧信，拿回来放了有一个礼拜，一天深夜，金宇澄打开父亲的旧信，读到1942年7月被捕前夕的那个晚上，饭后眺望延安中路方向的外国坟山（即静安公园），“黑黝黝的，夜光隐隐然地照见些白森森的大理石墓碑。不知怎么，心里惆怅，很不愉快。十二点多步行回寓所，上床大概一点了，过不多久，突然前门电铃声大作，后门的皮鞋声也大作，惊起一看，后门日本人冲入……”

父亲的叙述那么有画面感，燃起火花，使他决意写作。于是就有了《繁花》之后的家族传记《回望》，这部非虚构作品中，列出他据史料文献、友人书信，爬梳、整理、考证补充的父亲故事，母亲的口述实录以及多种日记、照片等内容。这也是他与父辈的一次特别的沟通——将阴阳永隔之间的对话，落在纸上。

书封“回望”，是他自己的字，白色竖排，有读者说乍看像是“面壁”——也可这样理解。

完成《回望》，金宇澄认为它饱含了实验的意义，通过“不完整”的书写方式，拼接父亲母亲这对普通男女的发展轨迹：怎么踏入社会，怎么产生选择和承担，连接成一条属于他们的曲折线路。笔意尽处，他无法不感到人生的某种宿命——“我一直认为年轻人的世界很宽广，实际落实到具体的个人眼前，世界一直是狭窄的，很多人往往是一天一时的决定，可能就决定了一生。你的背景、你的性格可能早已决定了自身的命运。”

6

2017 年 1 月，《回望》出版。对于作者配合出版社如何为新书宣传，金宇澄一直迟疑，经常想到父亲的低调姿态，写作中激荡的心情，此刻逐渐冷却。

2 月，一位旅居英国的朋友，辗转发来一个微信名片。“看了《回望》，没想到我姑爷爷当年说的话，全部是真的，”一位现居德国的沪籍男士读者来信说，“我小时候住上海，我姑爷爷放出来后，第一次陪他散步，在华山路武康路，他告诉我黄金荣[1]送过他一幢别

1　黄金荣（1868—1953），旧上海青帮头目，与张啸林、杜月笙并称“上海三大亨”。

墅，就在附近，我很吃惊，不可思议。说那时他在淮海大楼住过。包括您书中关于他的记录，我们几乎不相信，永隆大楼住过，锦江住过，华山路住过，居然上海法租界几乎是最好地段他都住过。我一直对他有好奇心，只是当时画画，又准备出国，很多家里的活动没参加，所有人都充耳不闻，认为他在吹牛，没想到都是真的。”信中提到的姑爷爷，就是金宇澄父亲的老上级吴成方。

这个回声，令金宇澄百感交集，也见到这本“家”书的价值。个体的人在每个时代里呈现了一种消耗，若不趁着记忆及时记录下来，留住回眸，便正如后人看到一张只有影像没有说明的旧照片，将永远无法得知它的确切内容。

“上代人已经结束，我这代人也完全老了。承前启后，是这么过来的，写作的意义，其实也就是把曾经的细节记下来。这是没人做的事，历史学家不这么做。”

年轻时的阮义忠、袁瑶瑶夫妇

草帽下的阮义忠

2016—2017 年，“阮氏”人文摄影在沪散记

外形上，六十六岁的阮义忠越来越接近他的成名作“人与土地”系列里的拍摄对象——头发日渐稀少，皮肤黝黑发亮，眼角有了沟壑。无论上电视还是做讲演，都是一身布衣布裤，戴一顶旧草帽，像是刚从田里上来。

我开玩笑：“阮老师这顶帽子什么牌子？贵不贵？”

他略一迟疑：“也不贵，可是它是手工做的。”

一旁的夫人袁瑶瑶补充道：“用蔺草做的。”

啊，蔺草。1972 年，服完兵役的阮义忠一脚踏入以摄影为主要配图的《汉声》杂志，对民间文化着了迷。其中，蔺草编的名片夹、香烟盒、笔筒都让他爱不释手，它们越用越光泽、越润，手感越柔，凑近鼻子还可闻到一股淡淡的清香。有一度，他还试着找工匠帮忙编一只蔺草相机包，可惜没有成功。

过了十多年，1983 年的一个正午，他背着一个包，脖挂一台三十五毫米相机，匆匆赶往高雄县冈山

蔺草的清香（阮义忠 摄）

镇的市集“箩筐会”，经过一处河滩地时，见到一对夫妇在空旷的蔺草田中工作。妻子专注捋直草秆，丈夫猛力将草垛往地上顿平，烈日当空，两顶小小的布棚根本无法遮阴，他们似乎也完全顾不上防护日晒。在这对夫妇身边，刚割下的蔺草一把把平躺着，愣头愣脑，保留着原初的青涩，“一经久晒便被蒸出难闻的怪味”，可这正是农产品在被加工和转移到交易市场之前本真的状态。阮义忠被剧烈触动，踩进泥泞的草下湿地，小心移动位置，举起相机，拍下这张《蔺草的清香》，“人与土地”系列中令人难忘的画面之一。

他所有的摄影作品，都带有这种喷涌的草息——苦难中的美丽，劳作中的庄严。在“人与土地”之外，阮义忠还出版了《四季》《手的秘密》《有名人物无名氏》《正方形的乡愁》《失落的优雅》等富于人文气息的摄影作品集。

照片拍多了，阮义忠感觉自己也无师自通了些“算命的”本事。但凡见到感兴趣的人，他能在短短几秒钟里判断出那个人会不会愿意被拍，或者他现在还不愿拍，但是以后会让他拍。远远地，他就朝对方微笑、点头，自来熟地招呼道，“哎，你好吗”，“怎么来啦”，根本不留机会让别人感觉他是一个外来的闯入者。

通常他都有办法让对方信任他。“让拍摄对象感觉你是善意的，没有企图的。你只是因为被他吸引，刚巧有相机，要想为这个相识的过程做个纪念。”

一位赤裸的老人在田边的河沟里洗澡，阮义忠慢慢接近他，留出了被拒绝的时间，但老人惊讶、微赧继而坦然，得体地用手掩住重要部位，任由他拍摄。拍完后，老人还对这个后生伢道了一声“多谢”。

“当时的台湾老百姓真的很善良，连我自己都不晓得怎么捕捉镜头的时候，他们不但不会拒绝我，反而会说不好意思我长得不好看，你的底片很贵，让你破费了。”这些经历，使他终生最感兴趣去拍那些被低估的、被忽略的人，用拍照这个举动，用照片这种方式，来肯定他们。

“我拍的都是平凡人物，我个人被他们吸引，被感动，就用相机记录下来。当然，对另外的观众来说，照片上的人还是平凡人物，但是这个平凡人物是那样的有尊严，跟镜头背后的拍摄者的关系是那样的信任。然后他们自己最美好的一面突然呈现出来，一辈子最美的那瞬间正好被我碰到。一张照片并不是偶然的，天时地利人和才会有一张照片。那不只是一个影像，是两个陌生人突然因为生命撞在一块擦出火花而变成一张照片，它是个很有意义的产品。”

一群小学生挤在一块看演出，忽然有个男孩发现了远处正举着照相机的阮义忠。“他用他自己的方式跟我打招呼。我立刻挪动构图，以这个小调皮为主角，在按下快门的那一刻，自己也不禁跟他一起笑起来，深深感觉到那份与被摄者心有灵犀一点通的可贵。”

阮义忠是少有的将摄影与信仰结合在一起的人，他多次讲他的摄影信仰是“为感动而拍摄、为肯定而拍摄”。“相机是赞叹的工具，不是批判的利器”，“丑的恶的不拍”。这可能与他在《汉声》拿到的第一个专业相机是单眼机有关——单眼机在调焦时会显示对象的景深，让你看到一个人的轮廓由模糊到清楚，这样的过程，简直就像是在探讨此人的意义。只有真诚、良善的人，才会让阮义忠想要拍。

2016年8月，我初次见到阮义忠夫妇。缘由是“人与土地”摄影展在上海琉璃艺术博物馆开幕。八十四张黑白胶片照片里，是阮义忠于1974年到1986年拍下的、现代化前夜的乡土台湾。拍摄这些照片时，阮义忠还是一个努力寻找认同与肯定的艺术青年，确定了“为感动而拍摄、为肯定而拍摄”的信仰。三十多年后，阮义忠已经不只是一名著名摄影家，他制作了《映像之旅》《大地之颂》等两百多部纪录片，创办了《摄影家》杂志，把海外知名摄影家及其艺术特征引介进来，又把华人圈中有潜质的摄影家和他们的作品推介出去。他与夫人袁瑶瑶合作编译了《当代摄影大师——二十位人性见证者》《当代摄影新锐》等书籍，打开了世界摄影文化的大门，启蒙了两岸几代摄影人——因而他被两岸一些摄影家尊称为“摄影教父”“人文摄影传道者”。但“赞叹”原则也遇到过一些人抨击，指责他“装饰苦难”，“对社会丑恶视而不见，没有现实批判精神和反思能力……”阮义忠慢慢拉长声音，浮现出一个淡淡的微笑。

“有人说我太温情啦，说我太滥情的都有，可是我觉得，喂，为什么非要我批判，批判的别人可以拍啊。记者可以拍啊。你爱拍你去拍啊。”

他语速遽然加快，眼神随之严厉。短促而铿锵的句子，炒豆一样往外冒。“我不但不用相机批判，我写文章也不批判别人。我觉得批判可以用投票啊，反对的人，你不选他就好啦。反对的事，你不支持就好啦。这个世界就是充满了爱批判的人，所以才乱七八糟！”

相处两天，交谈数次，这是我第一次也是唯一的一次见到他情绪激动的时刻。稍微稳定了一下情绪，他接着说：“自己不把自己本分尽好，不把该做的事做好，整天批判别人，那有什么用呢？一点没有建设性，对自己没有要求的人根本没有资格批判别人。从我自己做起。”

“没有感动我就不会拍照。但这并不意味着我没有批判意识。我一直在强调好的，其实就是对不好的一种批判。我不喜欢一个人去非议别人做的事情对不对。正确的方式应该是去评论别人这件事情做得好不好。比如，我就是用摄影来肯定的，你就评判我肯定得好不好，肯定得到不到位，这才是给别人意见的正确路径嘛。”说到最后，他火气已消，声音平静下来。

大部分时间里，阮义忠和气、严肃而忙碌。他酷爱干净，在家时，每天早晨四五点起床打扫屋子。有一天，老伴问他，为什么每天都要打扫得那么仔细？别人根本看不见差别。阮义忠回答说，我不是为了别人，而是为自己打扫。“当玻璃干净到如同不存在时，外面的风景就成了室内的一部分，我也跟大自然合一了。”

他在艺术上所追求的，和在家中所做的完全相同。美就是次序跟比例都要对，什么事先做，什么事后做，什么东西要多，什么东西要少，都有讲究。一个是时间的顺序，一个是空间的大小，把这些搞清楚了，和谐就会出现。

作家沈书枝曾经做过阮义忠《失落的优雅》摄影集大陆简体版的编辑，“完美主义”是她最深刻的印象。“阮老师做事十分认真细致，有文件交接或者是什么事需要他配合的时候，总是清清爽爽，他给我寄书稿，因为有图片，是刻了光盘寄过来的，里面包得整整齐齐，光盘外面还好好裹了两层纸壳，里面文件也十分有条理。当时就觉得很舒心，因为他把书稿整理得十分清楚明白了，编辑的工作就快很多。”

在杭州龙井，沈书枝与阮义忠夫妇一起爬山，“风景很好，他带一个小数码相机，随手拍点照片，拍得也不多，回去在微博上记录些见到的人事和风景”。那些微博后来又汇聚到了沈书枝案头，成为阮义忠下一本图书的素材。

一般人写微博都是很随意的，而阮义忠那时候反而因为觉得微博碎片化，而有意识地想把它们积累成书，所以平常微博也写得很认真。后来他出的两本微博书，基本上都是这样积累出来的。

按照艺术家陈丹青的形容，阮义忠是一个“单独行进的人”。他很少“混社交圈”，也不“成群结队”。但阮义忠有一个终生的“同伙”，那就是夫人袁瑶瑶。

第一次见到阮义忠，是在静安寺一家素食餐厅，他一边和气地有问必答，一边左顾右盼，每逢十分钟必要问一次身边上海译文出版社的两位编辑：师母来了没有？路上会不会很久？当袁瑶瑶带着外面的热气快步走进来，我分明看见阮义忠眼里欢悦地一亮，随即才元神归位，招呼我们动筷。如果说阮义忠是个戴草帽的艺术家，夫人袁瑶瑶就是挎粗布包的“神助理”。自从戒烟后，阮义忠有一个时期写文章总是不畅，袁瑶瑶就只好在翻译之外再接手一个工作：听写打字。近年来阮义忠的许多著述，都是夫妇二人合力完成。而这一次的见面，袁瑶瑶之所以姗姗来迟，也是要在宾馆里把阮义忠最新口述的一篇专栏稿件整理、打字、誊清，用电子邮件发出，才能动身出来。

这两个人相遇于四十年前。当时他二十岁，她十六岁，是介绍认识的。

初见袁瑶瑶，阮义忠吓了一跳，竟是一个清汤挂面、齐耳学生头的小女孩，看上去像初二学生，“跟她走在一起，肯定会被人认为我在诱拐小女孩”。阮义忠自恃“在大台北文化圈打过滚的”，而袁瑶瑶只是一个单纯至极、情窦初开的乡下小女生，哪能引起他的兴趣。但通起信来，却发现这个小女生“这么特别”，“我居然曾把她看得这么轻”，从此，给袁瑶瑶写信成了兵役中唯一慰藉，平均一天一封，有时两封，甚至还拍电报。直到一年多后，有了假期，在台中静宜文理学院外文系门口，阮义忠见到了“丑小鸭变天鹅”、“穿着洋装的苗条女学生”——美得超过期望的女朋友，求婚也就顺理成章了。

两人于1976年成婚后，定居台北。白天，袁瑶瑶在贸易公司上班，晚上还要给阮义忠翻译原版英文摄影书籍，这是相当枯燥的劳务，因为摄影本不是她的兴趣。阮义忠说：“一个神秘的原因把我俩的命运紧紧绑在一起，让我们不只一起生活、工作，连理想与信仰也同归一处。”其实这没有什么神秘的，袁瑶瑶苦笑着对我说：“我从来没打定主意要和他捆在一起，我是没办法。比如他要写《当代摄影大师——二十位人性见证者》，我帮他翻译。我下班后很累对不对，他说你帮我翻译一段吧，我说今天累了，不理他。明天他又来说，哎，帮我翻译一段吧。我又不理他。后天他看你心情不错，又来说……所以我很早就知道，他要干什么我最好早早配合，不然没完没了。”

阮义忠说：“老伴成全我多。”

1999 年台湾发生九·二一大地震后，阮义忠停下手头所有工作，在长达十二三年的时间里，与夫人完全投入佛门慈善事业，以影像与文字记录法师与义工们的付出。

2010 年的一个清晨，袁瑶瑶做过一个梦。她一醒就跑到客厅，对着已经晒好衣服、浇完花的阮义忠说：“我梦见我上辈子是成都街头的流浪儿，被你捡回来照顾。难怪这辈子我会嫁给你，因为要报恩。”正在扫地的阮义忠哭笑不得。

阮义忠评价袁瑶瑶的字眼是“单纯”。不成想，老伴对他的评价也是“单纯”。

“很多人认为，阮义忠是因为有老婆的专业帮忙才会成功的，我会跟他们讲，你错了，没有我，他一样成功。他就是一位生活和创作融在一起的人，表里如一，言行一致，特别勤奋，很小一件事情他都会全力以赴做到最好。他生活得很认真，创作得很认真，心思又特别单纯，做什么事他不会左顾右盼，全力以赴往前走。因为个性单纯，所以容易坚持。”

阮义忠立刻打破夫人的美言，“揭发”自己再坚持也会有遇“瓶颈”的时候——“对世界疲乏啦，心不感动啦。很索然的状态下，无论拍出来还是写出来都没有感动别人的力量。所以我随时提醒自己，要赶紧把感动心、好奇心再鼓舞一下，不然也会‘疲’，也交不出每个月的专栏。”

近几年，他渐渐来大陆多了，写专栏，出书，办展览，接受访问，在各地举办摄影工作坊传授银盐胶片冲洗，还创办了阮义忠人文摄影奖。

戴着那顶蔺草做的旧草帽，他心里有底，不慌不忙。

早年的金庸（左）与倪匡

我曾在电邮中向倪匡先生求问这张照片的拍摄者及当时情形，倪匡坦言年纪大了已记不清。在多通关于采访和寄送刊物的邮件中，倪匡既庄且谐，常令我隔屏大笑；但于 2019 年 3 月 20 日这天，他回复我是否愿意接受一家新创办科幻杂志访问时，是这样严肃答复的："你的信和转来的信都看了，本来我很喜欢这类活动，可是近年来，一种缠绕我二三十年的怪病忽然大发作，苦痛莫名，群医束手，实在无精神气力应付了，只好抱歉。错过了大好发议论的机会，请相信我比谁都难过啊！倪匡。" 2022 年 7 月 3 日，倪匡离世，享年八十七岁。

逝去的“帮主”——与倪匡谈金庸

金庸离世第三天，与倪匡谈故人

2022 年 7 月 3 日，倪匡去世。好几个深夜，我重温这篇访谈，又重读与倪匡来往十几通电邮，感觉谈话的气息与节奏仍在继续，只是，他打下的“哈哈哈哈哈”，似有了某种回音效果。他回外星球了。

2018 年 10 月 30 日，金庸在香港逝世，享年九十四岁。

许多媒体采访倪匡，希望得到一些情绪化色彩浓厚的回复，但自始至终，倪匡表现得十分克制，不惜被人指责为“冷漠”“不近人情”。

11 月 1 日下午，之前与他素不相识的我，领了我所供职的《收获》杂志“河汉遥寄”专栏的任务，贸然拨通倪匡在香港居所的电话，想听他聊聊与金庸的往事。倪匡写过、谈过多次金庸，但那都是在金庸生前。一口上海口音普通话的倪匡很健谈，思维敏捷，态度直率，我们的对话如同打乒乓球快发快回。一个多小时的通话中，每忆及往昔趣事，便听到倪匡于朗朗笑声中夹杂着他那些标志性的论断——“好玩到极点”“好玩得不得了”，他真是一个以好玩为生活第一哲学的人。嗣后当我回听采访录音，唯有在他谈到“三个大头的朋友”尽去、“一张照片上五个人只剩我一个”时，声音静了一静，接下去便听到他低声说“很寂寞了”，但复又振作起来，绝不渲染悲伤。而他谈到金庸与他共读而同好的小说时，口语中的时间仍然是，“最近”。

结束访谈后，我将电话记录整理成文发电邮给他，请他过目，他回复：“看了我们的谈话记录，极好，不但没有歪曲，而且能在谈话记录中表现风格，很难得。”因他在内地无银行卡及收款人，稿费颇难奉上，他表示稿费不需要，只想看最近几年的《收获》，我便寄去两箱杂志，他收到后，很客气地说：“极度感谢。”

1

吴越：这几天，金庸先生去世后，很多传媒都是来采访您的。

倪匡：是啊，这几天电话费都用完了（笑）。

吴越：您曾经在《武侠小说大宗师》里写，您有三个大头的朋友，金庸、张彻、古龙。您写道——“这三个大头朋友，头都大得异乎常人，事业上也各有成就，和这三个大头朋友在一起，常有一种极度安全感！就算天塌下来，也有他们顶着！”现在这三位朋友尽已去世了。

倪匡：今天还在网络上看到一张照片：金庸、黄霑、张彻、林燕妮、我。五个人，四个人去世了。只剩我一个了。很寂寞的，真的。我身体差到极点，百病丛生，举步维艰。但身体不好我也乐天。

吴越：照片拍出来红光满面。

倪匡：那是血压高。我每天要吃五种降血压的药。我喝酒的配额都用完了，酒都不喜欢喝了。

吴越：刚才提到的所有人，金庸、古龙、张彻、您、黄霑、林燕妮……在我们的记忆与印象中，你们都是叱咤风云、纵横香江的人物。

倪匡：我们都是普通老百姓。除了金庸之外，没有人可以用得上“叱咤风云”这四个字。

吴越：这可能是我们对作家的想象，感觉你们把香港的一片文化天空撑起来了。

倪匡：消受不起。我们是对读者有一点影响而已。

吴越：在你们这一代的文人中间，有没有某种精神是值得被记录的?

倪匡：我觉得是有精神的。我们这一代在香港摇笔杆的，都是非常率直而自主的，照自己的意志写。这是写作人最重要的一点。

吴越：也非常勤奋，抓住一切发表的机会。

倪匡：编辑提意见你可以不听，你不听他可以不用，他不用你可以到别处发表。可以发表的地方多。社会容许这个环境。

吴越：在读者心目中，您的名字和金庸的名字一起出现在大众面前其实蛮久了。我们说到金庸可能就会想到倪匡，我们在列举香港的文学、文化、才子的时候都会提到你们。我看到您在微博上和网友说，不知道“香江四大才子”（金庸、倪匡、黄霑、蔡澜）这个称号是怎么来的。

倪匡：（笑）莫名其妙，不知道哪里钻出来的。我对外界讲的一切，完全都是不理会的。人家讲是人家的事，我是我。所以我看现在讲“网络欺凌”，我想这是不存在的嘛，你不去看，不去理会，它怎么欺凌得到你。网上骂我赞我的都有，我完全不理，管它的嘛。

吴越：那您认不认可“四大才子”这个说法？

倪匡：金庸那么光彩，那么出色，我的名字和他的名字放在一起，不知道有多高兴。

吴越：您认识金庸是在1961年，您到香港的第四个年头？

倪匡：对，是在《明报》两周年时的一个场合，有人介绍我和金庸见面，就这样认识了。时间过去快六十年，我记得很确切。我那时还不是《明报》的专栏作者，在一家很小的报馆副刊上面写小说、写杂文。一批从上海来到香港的文人经常聚会，我那时小伙子嘛，也经常挤在里面，上海人讲的“轧闹猛”。有几次金庸也在里面，我也在人群中见过他。那时他已经很出名，小说写到《神雕侠侣》了。那是一本非常好的武侠小说，我非常喜欢读。

吴越：根据公开的资料，金庸先生比您年长十一岁，按中国生肖来说大了近一轮，长一辈。你们之间从最初认识到而后逐渐熟识、友谊加深，相互之间称谓有没有变化？

倪匡：我就叫他金庸，良镛。叫金庸的时候多些，叫良镛的时候少些。他就叫我倪匡。名字是用来给人叫的嘛，不重要。不过有时候开玩笑会叫他“查老细”，“老细”是广东话里“老板”的意思。哦，还有一个上海籍的朋友叫他“帮主”——江浙帮的帮主。（大笑起来）开玩笑的，没有这个帮。我们一些朋友在一起开玩笑的时候多哎，正经的时候很少。

吴越：你们交谈用普通话还是广东话？

倪匡：用上海话。我是宁波人，上海人一大部分是宁波籍嘛，我讲的普通话完全是上海口音。我们两个的广东话都不灵光，但是当上海话不能表达的时候，就用广东话替代。广东话比上海话丰富。

吴越：金庸先生在公众面前说话是慢慢地，您说话语速很快，你们后来熟悉了之后怎么聊天？

倪匡：我讲话语速是快到极点，想都不想的，要是叫我慢下来我会口吃，就讲不来了。我跟他性子是完全不同的。不过，他跟我讲话时，我倒不觉得他慢我快。他的慢是在有些场合，讲之前要想一想，他跟我讲话没有顾忌，不用思虑，自然就快了。

吴越：他确实做过一段时间您的“老细”，从1962年您开始在《明报》副刊连载小说算起。可以这样讲吗？

倪匡：我觉得报馆老板跟副刊的编辑之间好像相互不发生作用。我可以不听他的话，他也可以不听我的话。但他说得有道理的地方我会听，当我在《明报》已经写了两篇武侠小说，金庸说让我再写一篇，我正考虑是不是再写一篇武侠小说，他提醒我可以写时代背景是当代的时装武侠小说，主角会武功，性格特别一点。于是我开始写时装武侠小说，写到第三篇时，我说加一点幻想好不好？他说好！于是我在第三篇才开始写成“卫斯理”系列科幻色彩的小说，一写就是几十年。

吴越：当时香港的文学环境怎么样？

倪匡：很繁荣的。报纸很多，大大小小有几十家，每家报纸上都有副刊，副刊上都需要小说。我不知道读者的阅读程度如何，至少都认得字，可以看得懂情节。我自己写作，同时也是读者。

吴越：您当时写作的志向是什么？

倪匡：很简单，没有变过，就是靠写作拿稿费。我初到香港没多久，无以为生。什么活都干不了，去染厂做杂工，收入低得不得了。我去投稿，稿费数字让我很满意，我就想这一行干得过，我就可以去写小说了。我也不敢说自己写小说胜出很多人，只是我除了写作之外没有第二种谋生的本领嘛。

吴越：后来，您和金庸都成为几十年屹立不倒的流行文化偶像。

倪匡：那绝对不好这样说，我和金庸不能比的，不能相提并论的。我写小说也很好看，我如果写得不好看，不可能写几十年写几百本，我也不敢妄自菲薄。区别只是好看程度和他的比差很远（笑）。他小说写得那么好，包罗万象，他是真正的大师。大仲马、小仲马、莎士比亚怎么比得上他？差太远了。

吴越：这话是开玩笑，还是您经过比较得出的结论？

倪匡：当然是认真的。我从小喜欢读书，从五六岁看几百字的小说到现在七十多岁，没看过比他的小说更好看的小说。而且写作只是他的成就之一，他除了写作之外，其他的本事也大得不得了，他什么都会做，报馆都会开。你就算给我一笔本钱我也办不了这个报纸。我早几十年就说过，"中国上下几千年，唯一能够发家致富的文人就是金庸"，就他一个，想不到还有别的什么人。孔子有个学生叫子贡，也许很有钱，但他是另外做生意的嘛，不是靠文字。中国历史上、恐怕世界历史上靠文字致富的只有他一个。

吴越：金庸对您也有很高的评价，1983年，金庸先生写过这样一段话来形容您——"无穷的宇宙，无尽的时空，无限的可能，与无常的人生之间的永恒矛盾，从这颗脑袋中编织出来。"

倪匡：哦，他是朋友捧场。他的副刊版面那么紧张，却能够让我长期写那么多的东西，当然他也是觉得我的东西过得去。

吴越：你们交往多年，可曾有过分歧？

倪匡：我们都是很诚实的人，不过即使年轻时候也不像现在的年轻人这样意气，我们不喜欢争论，你保持你的见解，我保持我的见解，他写的社论里的观点，我在文章里表示反对，他也笑笑，我也笑笑。当然我们当面谈话很少涉及这些，都是在各自的文字里表达。曾经一位政治人物去世了，他在社论里写了他不少好话，我写文章表示不同意。他任由我发表，也并不删改。

吴越：你们很像武林中的人物，只是比画两下，并不“过招”。

倪匡：也没有比画了，就是你打你的“降龙十八掌”，我打我的“梅花拳”。

吴越：你们在一起比较多的聊什么？

倪匡：聊武侠小说。他是包罗万象、深邃得不得了的一个人，他喜欢的东西之多，想研究想了解的东西之多……我只不过是他关于武侠小说的朋友当中的一个，他跟我大多数时间都是在讨论武侠小说，因为我从小就看，也很懂得武侠小说，一到香港一下子看到金庸的武侠小说，惊为天人。他更懂武侠小说，所以我们有聊不完的题材。每次见面和他讨论他的小说、分析情节等等，总是津津有味的。他的伴是很多的，有切磋围棋的朋友，有研究文学的朋友，还有研究历史的朋友，方方面面的博士朋友、教授朋友。我和他是在一个很小的点上交集。

吴越：您给自己的定位是，和金庸进行武侠文学研究和探讨的朋友……

倪匡：没有那么伟大，不属于文学研究的范畴，也没有探讨那么紧张，就是聊天。聊天的朋友。

吴越：上海交通大学有一位江晓原教授，他谈到您是这样说的，“倪匡是早期‘金学’的重要人物。一方面因为自己也曾写过武侠小说，另一方面因为他与金庸颇有交谊”。（《金庸、倪匡与戈革——再谈〈挑灯看剑话金庸〉》，江晓原）

倪匡：我是“金学”的开创者，不是“重要人物”。没有我就没有“金学”了（笑）。我自创一联曰“屡为张彻编剧本，曾代金庸写小说”，哈哈哈哈哈，真开心。

吴越：我看了您1980年写的十册《我看金庸小说》。感觉您品评人物的标准是“真”。

倪匡：对！这是第一条。

吴越：您也按古典方式分了上上品、上中品、中中品等……

倪匡：我也不知道我学了什么人，或许是学金圣叹。

吴越：您本身就是纯粹的“金迷”，小说人物都在您脑中，信手拈来，十分自然，但又似乎经过了十分纯熟的思考与比较。

倪匡：我不是天才，没受过很高的教育，认识的汉字不超过三千个。而且我有学习障碍的，今天学的东西，明天就完全忘记，没有持久的记忆。我只有很小时候学的诗还能背出来。我之前住在美国时，没事情做就背李商隐的诗，每天背一首，我想总有一天能背完的。哪想到今天背得烂熟的，明天就忘记。但我因为对金庸的小说太熟了，完全没有参考原书，那套书八万字，两个下午就写出来了。不管写得好还是坏吧，总算是开创性的一本。

吴越：要不是这本书，也许金庸武侠小说仍然停留在消遣娱乐类。

倪匡：那我想不会。就算我不注意到，也迟早会有人注意到它们的好处。我最烦看到学者分析这个“不可能”、那个“不可能”，这是完全不懂武侠小说；武侠小说就是写“不可能”的事情，按常理发展的事情怎么会交给武侠小说来写呢？！我只能哈哈一笑了。

吴越：您给金庸小说排了个座次，依次是《鹿鼎记》《天龙八部》《笑傲江湖》《神雕侠侣》《雪山飞狐》《倚天屠龙记》《射雕英雄传》《书剑恩仇录》《连城诀》《侠客行》《飞狐外传》《碧血剑》《鸳鸯刀》《白马啸西风》。您所开创的对金庸小说文学深度的观察，到了二十世纪九十年代以后，似乎被内地一些高等院校的学者接续过去了，形成了内地这边的“金学”热、武侠学术热。这里面有没有您觉得还不错的？

倪匡：有有有，有很好的，有非常好的。陈墨先生的大量关于金庸小说的文章写得好极了，叹为观止，要比我那些文章的角度好得多了。

吴越：那么现在就要说到“曾代金庸写小说”、您给《天龙八部》代笔捉刀这段著名的轶事了。

倪匡：对对对对，真开心啊。讲到现在几十年了，还有人在讲。

吴越：金庸在新版《天龙八部》后记中有言，“《天龙八部》于1963年开始在《明报》及新加坡《南洋商报》同时连载，前后写了四年，中间在离港外游期间，曾请倪匡兄代写了四万多字。倪匡兄代写那一段是一个独立的故事，和全书并无必要联系，这次改写修正，征得倪匡兄的同意而删去了。所以要请他代写，是为了报上连载不便长期断稿。”您把阿紫写失明了，据说让金庸很生气？

倪匡：没有没有，他就笑了笑，就去清理这件事了。而且我跟他说这个道理，按照我的推测，阿紫的眼睛是一定要瞎的，我只是提前一点而已。因为她不瞎眼睛，她没法子跟游坦之谈恋爱的。游坦之戴上面具是一个怪人，摘掉面具是一个极丑陋之人，他们怎么谈恋爱？一定是阿紫眼睛瞎了，看不见游坦之面貌了，才会和他在一起。金庸把阿紫和游坦之安排在一起，上面的情节已经铺垫了很多，就是准备到后来阿紫眼睛瞎掉之后再发展下去。结果他接过我续写的部分，没有让阿紫眼睛立刻复原，就一直沿着这个发展下去，跟我的预料一样。

吴越：当时港台的武侠小说家之间互相捉刀代笔，这种现象普遍吗？

倪匡：至少我本人给所有的名家都捉过刀的，哈哈哈哈。我给古龙、卧龙生、诸葛青云、司马翎，都代笔过的，好玩死了。这有什么不可以，写武侠小说本来就是游戏行为嘛。我捉古龙的刀，根本没有人能看得出来。我写了很多很多。古龙在报纸上连载《绝代双骄》，半年多没有给报馆来稿，我只好一直续下去了，写了差不多四五十万字。他稿费我照寄给他，无所谓的。等他重新出现，我已经把他笔下人都写得死光了，小鱼儿都受重伤了，怎么收场？他一来就得去收场。

吴越：除了您之外，金庸还请别人代写过吗？

倪匡：我想除了我之外，他心目当中没有第二人可以碰他的小说了（大笑）。是否现在社会观念有了变化，大家觉得捉刀代笔很严重？我们那时候一点没觉得有什么。只要作者和代作者双方同意就完全没问题。有些出版商找古龙写稿，要求很好笑，说你一旦断稿，一定要和倪匡讲好，他肯续才行。然后出版商又倒过来通知我，说现在古龙答应给我们写稿了，万一断稿，你肯不肯续？你肯我们就签约。我当然答应了，我不能坏人家买卖。只有一次我是拒绝了，是因为报馆老板讲话不好听，他说你续稿，我出的稿费与古龙一样，我骂道你知道什么，我的稿费一直比古龙的高。那时候我喝酒喝很多，脾气很坏，一言不合就要闹崩。

吴越：您的稿费一直比古龙的要高吗？

倪匡：到后来，他的比我高一些。

吴越：有人帮您代笔过吗？

倪匡：从来没有。我写稿很快的，一个小时可以写四五千字。

吴越：金庸去世后，还有一位青年学子说，趁现在来得及，应有人给金庸作品做一详细的索隐考证，这个人选最合适是倪匡。对这个说法，您有何评论？

倪匡：我想这位先生大概不写小说。小说是虚构的，除非摆明是影射小说，否则小说人物与现实人物结合是很难的事情。很早就有人说我像金庸小说里的“老顽童”周伯通，可是金庸写“老顽童”的时候我还没有来香港，这是不可能的。而且我虽然不怎么守规矩，很顽皮，可是我和“老顽童”不像的啊，“老顽童”做事没有原则，我是有原则的。

吴越：索隐论很流行。坊间流传《倚天屠龙记》里的六大门派围攻光明顶是影射当年《明报》与《大公报》的一场论战。很多人对小说感兴趣，忍不住要和现实联系起来。

倪匡：什么？我觉得不可能吧，这样联想，想象力很丰富了。还是保留看小说的乐趣吧。

吴越：有没有和金庸先生一起出去旅行过？

倪匡：旅行过很多次。我本身非常讨厌旅行，每次他叫我，我都是“不得已而从之”。他说去哪里就去哪里。他叫什么人就什么人。我跟他相交五六十年，我主动打电话给他不超过五次。都是他找我。他请我吃过无数次饭，我请他吃饭大概也不超过五次。

吴越：为什么事情打电话或请他吃饭？

倪匡：有一次，我最记得，花了些时间考虑要不要给他打电话，结果还是没有打。那是因为我发现他写的小说里有错漏，我想，啊呀，应该告诉他。后来又想，报纸已经登出来了，错了也没法子当时改正了。他是个很严肃很认真的人，知道自己这个错处会很痛苦，我何必增加他痛苦，等到见面时再告诉他好了。反正读者看得出来的也不多。

吴越：是一个什么错？

倪匡：是《倚天屠龙记》里金毛狮王谢逊与仇人成昆决战时，掉在地洞里打，打着打着忽然之间发生日食，天黑了。金毛狮王眼睛本来就瞎，他于是占便宜了。金庸写到，这一天是端午节，端午节“屠狮大会”嘛——你觉出问题来了没有？

吴越：端午节……不会日食吗？

倪匡：嘿嘿嘿嘿嘿，你倒是很灵光，一下子看出问题在哪里。所有日食都是在这个月的农历初一。这是天体运行的规律。

吴越：要让金毛狮王占便宜，就必须天黑，如果必须要发生日食，这个屠狮大会的日子就不能放在端午了吧？

倪匡：后来出书时还是放在端午，但另外想了个办法让天黑了下来。当天我若是打电话给他，他没办法改的。

吴越：金庸先生懂那么多学问，倒是疏忽了这点天文知识。

倪匡：写小说都是急就章，哪里想得了那么多。我还写到过南极有白熊呢，卫斯理在南极杀掉一头白熊……咳！（笑）报纸连载小说，这种漏洞很多。后来出书都要改过来的。

吴越：金庸武侠小说从（二十世纪）五十年代到七八十年代已经在香港炙热，改革开放后又席卷到内地，持续到今天，已经半个多世纪了。

倪匡：还会继续延续下去。他的小说真正是古今中外老少咸宜，一定会有人看下去，除非你不喜欢看小说。

吴越：金庸先生去世后，很多人开始引用据说是他讲过的一句话——人生就该大闹一场，悄然离去。您怎么理解这句话？

倪匡：他也没有大闹嘛。我跟古龙稍微有点儿小闹，他根本没有闹过，他总是很严肃很认真，对于任何事情都是如此。他买个跑车，都开得那么慢，只超电车，哈哈哈哈哈。

吴越：这一段我看到您在《倪匡论金庸》中详细写过："金庸十分喜欢驾车，更喜欢驾跑车。最早，用过凯旋牌小跑车，后来，改驾积架 E 型。他驾积架 E 型之际，经常的速度是二十六哩[1]。后来，又换了保时捷。保时捷跑车性能之佳，世界知名，到了金庸手中，平均驾驶时速，略为提高，大约是三十哩。曾有人问金庸'你驾跑车超不超车'，金庸答'当然超车，逢电车，必超车'。其性格中的'稳'字，由此可见。"

倪匡：是是是，他很喜欢跑车，跑车很难驾驶，他还专程去学了高级驾驶，才能把这车开得很好。但学出来怎么样？还是开得那么慢。当然，你在香港也

1 中国香港通常将英制长度单位"英里"写作"哩"或"咪"（英文 Mile 的音译）。

没法子开快车，那么小的地方，没一块马路是空的，但是三十哩也太慢了点。他不着急，安之若素。

吴越：我看您很留意现在的文学作品，也读很多内地的小说。据您看，未来的流行文化可能会是什么类型或什么主题？

倪匡：我只知道什么是好看的小说。小说只分两种，一种好看，一种不好看。好看的永远会流行，不好看的就是我捧捧你，你捧捧我。小说不好看怎么能叫小说呢？就像不好笑怎么叫相声呢？这是我从内地相声节目里看来的，郭德纲说的。我告诉你，金庸很喜欢看小说，我看到好看的推荐给他看，他看到好看的也告诉给我。我最近推荐给他的几部小说，他都很喜欢。最近一部他说好看的战争小说，作者名字叫都梁，小说名字叫《亮剑》，写得好极了。还有科幻小说家钱莉芳的《天意》《天命》，还有盛颜的武侠小说《三京画本》，那是金庸之后最好的武侠小说了。还有一本很古怪的书，叫《弄堂》，讲弄堂里各种各样小故事，非常有生活，好玩极了，看得他哈哈大笑。这本小说全部用上海话写的，像我这样的老上海，也只能看懂八成，还有两成要猜的喔。

吴越：和您聊天，一直在笑。有没有我未曾问到的问题？

倪匡：我起初唯恐你找错了人，因为如果要问很高深的问题，我不是最佳人选，我是很随便很马虎的一个人，没那么严肃。但你刚才不像在访问，像是闲谈，这是最好的事情。

陈村（肖全 摄）

陈村：上海最资深宅男

2001 年，“第三届新概念作文大赛”，陈村给一个参赛者写评语“………死很容易，活着才了不起”。十七年后的一个春天，她找了个机会，来找他谈谈了不起的活着（并没有报恩）。

早期陈村最喜欢旅游，一听要出去游山玩水，可高兴了。他有个梦想，到远方的公路上开个吉普，旁边放个相机，到处玩耍，走哪算哪，说不定搭一段艳遇。

二十多岁读大学时，发作了脊椎关节的毛病。开始表现为腿剧疼，后来逐步发展，至于腰。不得不停止了运动。先是无聊，然后是无趣。再一次坐在茶馆里左等右等一群朋友怎么还没有下山的时候，他发现自己本不该来。他说，以后去夏威夷可以叫我，不用动的，喝啤酒在海边看美女。

一些普通人可以做到的事也显得为难。逛书店，他拿着三四书本踌躇该不该买，这些重量会使他的步行更加吃力，又不好意思叫别人帮忙。坐轮椅，他内心是抗拒的，“人一坐轮椅就不好玩了”。

陈村原名杨遗华，1954 年生于上海，1971 年赴安徽无为县乡村插队务农，1975 年病退回沪，进里弄生产组工作。开始写作后，他用了黄山北麓陈村水库的名字作为自己的笔名——后来陈村水库反而被改名为“太平湖”，那里现在有农家乐，还有游船码头，招徕客人登湖心岛观鹿、观猴。

1980 年，陈村从上海师范大学毕业，自谓“聒噪地进入文坛”，“稍微得过几个小奖”，五年后加入中国作协，在一个短暂时期内曾是全上海唯一的专业作家。而后他慢慢写得少了。

1993 年，摄影师肖全到上海，时任《海上文坛》副主编的程德培叫了一圈人，在作协边的一家小餐馆喝酒，陈村是最后来的。“然而他却最吸引我，”肖全在摄影文集《我们这一代》里这样描述，“陈村推开餐馆的门落座后，街上的一束阳光随着他的身子闪了进来。他是个不怎么写长篇，却老在《新民晚报》等全国著名的大报上开专栏，‘路见不平，拔刀相助’的专栏作家，而且是个不大讲情面的人。”

酒席散后，肖全跟陈村去他淮海路边雁荡路上有着拐弯抹角楼梯的一室户，陈村打印了一叠根子的长诗《白洋淀》给他。再后来，陈村给肖全写信：“至于写到我，怎么写都行，反正不是我写的，我不管他人说我怎样。”

二十世纪九十年代之后，陈村开始接触网络，由民间论坛版主而至上海网络作家协会的会长。他依旧不讲情面，依旧不怎么写长篇，依旧顽心很重，用“这个不大好玩”和“那个很好玩”来指导自己的行动。有时人们甚至会忘了，他还是个老资格的作家，是上海作协副主席之一。这一切汇总起来，在上海文学圈，形成了一个更为广泛也堪称奇妙的头衔“村长”。

只要提到“村长”，不可能是别人。坐在主席台上，挂着相机，东张西望的是他。走路佝偻着腰，迟缓而坚定，提着布袋子，见人打招呼便笑笑的是他。在《收获》创刊六十周年作品朗诵会间隙，对着余华、苏童、格非等大喊一声“你们都过气了”，趁对方愕然而后大笑的瞬间按下快门的，也只能是他。

以下为陈村自述。

1

我是上海最资深的宅男，1983 年开始就宅在家里不上班了。当时上海还没有专业作家，实行创作假制度，相当于今天的签约作家。作协批创作假，一次批一年。

1979 年，《上海文学》办小说学习班，上海当时这一批写小说的游兵散勇就碰头了，有了一个小组。

王安忆是后来加入的。有一天她拎着一网兜的喜糖来，我们开玩笑说：你已经结婚啦？机会都不留给我们。这个小组是彭新琪管的，我那天开会（指 2017 年 12 月 9 日举行的《收获》创刊六十周年纪念座谈会）看见她，感情很深。

当时文学期刊常在夏天办笔会，所以我就认识了全国很多作家——韩少功、何立伟等。那时的人比现在要自然，物以类聚，彼此见了很亲热，没有城府。我们初登文坛的时候，是当年的右派作家当道，王蒙呵，丛维熙啊。开会有一些交集，有时候和我们有些小冲突，多数时候他们玩他们的，我们玩我们的。一些老作家写得很好，陆文夫、张洁等，我大学时读过，很尊敬的。我们这号人跟以往作家不大一样。在很多地方，发表一篇东西是很难的，发了就成为文坛都知道的人，在小地方有很多好处，比如调到文化馆，可以靠这个吃饭的。但我们不知好歹。比如我，从一开始就会和责编吵起来，不愿意编辑改我稿子，一改就要吵，再比如和我同时期的作家曹冠龙，被编辑删改稿子，就跑到印刷厂去改回来，印刷厂以为他是杂志社派来的，居然给办成了。按理说，碰到如此行为，编辑部应该大怒嘛，但也没追究。笼统地说来，那些老师们、前辈们对我们很好，尽管文艺观点不一样，或审美趣味不一样，但看到年轻人有才华都很高兴，而不是说妒忌你们，要压死你们。我们这代人是怎么起来的呢？老作家慢慢不大写了，然后，铁凝当中国作协主席了，安忆当上海作协主席了，那时候有一个玩笑话叫“忍看朋辈成主席”。我们渐渐掌握了大部分的杂志编辑部，可以发表一些自己喜欢的作品。那是后来了。

我大学毕业后的工作是在上海市政二公司职工学校教书，1983 年开始请创作假，不再上班。1985 年，茹志鹃老师和我说，快来作协申请，现在有专业作家编制了。写《于无声处》的宗福先也同时去办调动，他所在单位还挽留，我这边是办得飞快。这样一来，有一两个月时间，我是上海唯一的专业作家。

现在回头看自己写的小说，觉得好哇！写得这么好，这人是谁啊。我觉得写得最好的《一天》，给《文汇月刊》被退了，后来由《上海文学》用了。《一天》是无可复制的小说。写长篇小说《鲜花和》之前，我写过一连串非主流不大写实的东西，包括在《收获》发的《象》。《象》按现在来讲就是个穿越小说，故事在非洲草原和现在时空之间来回地叙述。但评价寥寥，没有引起评论家的注意。过了好几十年，我这个《象》被上海写作计划推介给外国作家，居然倒是引起了兴趣。还有一个《美女岛》，发在《钟山》上的，也是这样。写了一串无厘头小说，像扔进深坑，感觉不太好玩。

1989 年初时，我就想不写小说了，停下来了。后来我接了好几个专栏，每个星期一篇。我很懒的哦，我不是像港澳作家那样每天写，我一个礼拜写一两篇，蛮好。写大量短文章在我是为了谋生需要。我跟约稿编辑说明过：稿费四五十块太便宜了，你们一家报社养不了我，我要一稿多投的。也写过球评，看世界杯，本就愿意看，看完以后噼里啪啦打一堆字，半夜十二点之前发过去，第二天早上醒来就看到了。写了一千字给一千块我很高兴。

我本来想的是写点散文，再写点话剧。话剧蛮有意思，里面有发挥想象的空间，可以组织对话。后来把写话剧的想法废了。当时任何一个话剧都没有现实那样波澜壮阔，波谲云诡。我不愿意写了。

以前作家小饭和我说笑，你这种人算什么小说家，算曾经的小说家。我笑笑，无所谓，这是事实。不管写好写坏，我确实后来没再写什么。我好容易写一篇比较长的《鲜花和》，站在一个断点上。这个之后，几乎没有写过小说。这也是我用电脑写的第一个长篇。它里面是块状结构，我是想到什么先写什么，不是按部就班写的。以前怕抄稿，都是老老实实从一写到二。

2

1997 年底，在《收获》发完了《鲜花和》之后，我开始到网上去玩。我起床就把电脑开着，一直到睡觉，结束。现在我睡着了往往也在那儿下载。（二十世纪）九十年代时拨号上网，33.6k/秒，后来到56k/秒已经很开心了。我现在家里是二百兆，当时中国通向全世界也就是二三十兆的总量，只有六十万网民。我刚上网时很高兴，觉得没有国界了，没有边界了。在现实中偷越国界是一个很严重的事，在网上就比较宽松，可以跑来跑去。

当时中文的站点比较少，我不懂英文，就看"橄榄树""新语丝""华夏文摘"。但是也很悲催，这么多人要去看这个网站，所以很慢很慢。经常是，先看到一个高跟鞋，往下慢慢走慢慢走，走到膝盖要花个五毛钱。那时候《花花公子》也没有怎么见过。我买的《金瓶梅》里面有一万多字是删除的，人文社内部出版。我们已经成人了，这里还把我们当非成人。所以我那时的状态是窃喜。

我在网上养成一个恶习，喜欢逛来逛去。在网上都是鸡零狗碎的。一般都告诫自己不要发声，因为事情都是无止境的，但是后来我去管了论坛。我先后管过两个论坛，先是"榕树下"的"躺着读书"，再一个"99书城"的"小众菜园"，加起来有十年。在论坛上非得要说话了，你要管事，你要不管，论坛就一塌糊涂。话就多起来。我愿意为了个公道出来吵架。好斗什么的……这些可能是错觉。

作家进入网络公司兼职，就更不好了。就像家里有个小毛头一样，时时会惹事，你要去看着他，不要闹起来。时间鸡零狗碎，心绪也时高时低。和你好好说着话呢，那边网上打起来了。做不成比较大的事。如果真的可以选择的话，我觉得这样不好，为了看热闹，把自己赔进去了。这个位置不是我所选择的位置，我对自己上网的定位是一个目击者。

我不是一个网络作家，尽管和他们混了那么多年，但我从来没将完整的作品首发在网络上。我也不是金宇澄这样尝试在网上写长篇小说的作家。以前就觉得金宇澄写得蛮好，但没想到他会写出这么长长画卷的、有个性的《繁花》。吴亮在我管的论坛上也写过好些东西，他集子里有很多文字是从论坛里而来。后来他也上网写了长篇《朝霞》。上海这些老作家的潜力是不可被妄议的，这一点蛮好。

我也应该好好写作，我的日子热闹，就是没有好好写作。我报了好几年选题，在写一个长篇。也确实在写，一天写上几百字又匆匆出去了，我需要一个完整的时间。在网上，所有的事情都变成与你相关了，你的心绪就不太平，像在颠簸的海船上。写作应该有相对平静的心态。

一直到现在退休了，应该清闲了，可是闲不下来。从昨天忙到今天早上六点多，我在给我主编的上海网络作家协会电子刊《网文新观察》统计字数，统计稿费，通知作者给汇款信息。我这两天要发五期电子刊的文字量。一想就头疼。晚上要去陕西北路“网文讲坛”，复旦大学中文系教授严锋和上海纽约大学计算机科学教授张峥谈“技术时代的文学”。

我这种东张西望是不大好的。一个人只能做一点事情。每个人有自己的使命。

3

我一开始看的网络作品，和后来连载几百万字的巨作不一样，一开始是业余的。这个由短到长的变化，夸大一点说，极端一点说，有一些像白话文要颠覆文言文的时候。今天我们可以瞧不起他们，觉得他们写得很水。以前对白话文的攻击也非常多，不像话，没有文采，后来白话文的民间立场变得越来越牢固了，坚不可摧了。今天好像一场变革又要来了，在小说家们的手里，把小说的很多技巧和观念做到了极致，他们想尽了种种办法来叙述，但老百姓喜欢的还是平铺直叙讲故事的、有浅显道理的、我们在电影电视里看到的那些东西，也易于推广。

尤其是今天所谓文学，是可以手持的，七亿网民里有三亿多是看手机网络文学的，文学从来没有这么广泛传播。这种变化会慢慢变成一种用长文本的多线索的叙述的东西，尽管它可能不大严格，不大规范——比如错别字——专业作家看到错别字很恼火，我有一天和网站老总说，按出版规定“一万个字里只能有一个错别字”，你们发出来的都是伪劣产品。

但不管怎么样，在这种大变革的情形下，文学会发生很多变化。因为文学本质上是一个拷贝产品，不是原作。拷贝是便宜的，是要有那么多人去捧场的，不像艺术品，一个大老板喜欢我的画，把我的画买去就可以了。你要是卖拷贝产品，就必须要一个市场。汇总起来是一个很大的数目，养活作家，养活出版社，养活平台。现在对文学作品评判的权力已经转移到了出钱的人——读者手里。

当年《大众电影》评百花奖，也就是这样的情形，十几年前通过短信平台去投票“超女”也出现过这样的情形。但是跟今天不一样的是，那是已经拍完了作品让你去投票谁得奖，而现在则是活不活的问题了。一个作品放在平台上，让人订阅，再把你从首页上撤下来，就会有非常大的落差，一溃千里，形成一个很负面的反应。最终用户会掌握这个权力。这一切都是悄悄发生的。你没有仔细想的时候，它已经发生了。它像是用改良一样的办法，但它是革命性的洪流。

虽然不清楚文学会走到哪里去，但我最讨厌的就是知心大姐，家庭刊物，更可恶的是女德班。我现在有学生，视觉艺术学院，有三个学生分配给我，我指导她们毕业论文。她们会用那些习惯的词，小三，红杏出墙，谴责，等等。我有一天忍不住说，你们都是从哪里受的教育？你对文学的基本观念就不正确。文学写的就是不好的事情。文学不是为道德而生的。从总体上说，一个女性，一个男性，要出轨要出墙，这是天知道的，是没有办法遏制的。这个过程中别去杀人放火下毒，也就上上大吉了。我反对把不应文学负担的东西转嫁到文学身上去，再以文学的名义来谴责。

我在文坛没有什么功利要求，现在安身立命到退休已经非常好。当一个专业作家不像你在机关里朝九晚五，我在家嘛，哪怕我每天给人写篇烂文我也愿意。坐班的工作肯定不去。已经学“坏”了。这么好的事哪里来。我也不想进步。我没有这方面的进取心，感觉上班不大好玩。

有些年轻人要我写序，还有“网络文学教父”这种名号，我都不要。倘因为某种奇怪的原因，我会写序。其他那些人，我会真心劝说：没必要让别人写序，你的书不要将人家的话顶在头上，你会后悔的。一定要写，我就写“这本书蛮不错的，建议大家买一本”——通用的。可以用在底封。

4

（二十世纪）八十年代吧，我买的第一个相机是虎丘牌，一百多块钱，苏州产的。有相机和没相机差很多，相机好坏差得就不多了。2005 年以后，我开始用数码相机，尼康的 8800，我后来买过一连串尼康，现在用 D810。数码相机按快门几乎没有成本，一下子就乱拍了，就成了需要很多移动硬盘的了。

我最近给了《收获》杂志一个 U 盘，里面有我找出来的《收获》五十五周年纪念活动众作家的照片，加上这次六十周年座谈会和朗诵会，我用几个相机和手机拍的所有照片，超过十五个 G。

我在《收获》创刊六十周年活动现场也有些感慨，我想这是一次“壮行”，也是一次老兵检阅。换场，目送一大群人的离开。饯行的意思。这些人我以前都认识，现在他们都老了。反正他们都比我见到他们的时候创作力衰退。我对余华他们说，你们要过气了，他们都笑。

我对余华说，你好歹挣出个小说来了，因为余华《兄弟》之前十年没发表小说。我这人习惯不好，写小说像个例外一样，写了个小说还有点窃喜。王安忆的写作呢，打毛线一样，农民种地一样，持之以恒地写，她很专业的。另一个是叶兆言，每天不写点东西就难过。他们就是职业作家的态度。又看到李锐、蒋韵、笛安一家，李锐以前留着小胡子，很好玩的，一个战士跟人去打仗的样子。你看他现在德高望重的样子。

我拍照的方式和肖全不一样。他是主动去找人家。我从来不主动找人家，正好碰到就把你拍下来。经常是在一些小型会议上拍，而且心里想的是拍着玩，可见我不是以此为使命的人。多半是，觉得你蛮好看，我就把你拍下来。现在我看底片，会发现某些人拍得比较多，大概就是因为她 / 他好看。

拍照很好玩，只要按按快门，这也算创作，比写小说省事多了。因为我不 PS，拍完就完了，现在深受鄙视。如果你觉得我拍得很美，那是因为你真的很美，我不用美图秀秀，磨皮什么的，这种下流的事情我从来不干。现在照片也比以前好拍。我以前买过海鸥 DF，中国人做得比较好的相机，它没有自动测光功能，我们自己估计曝光，春秋天比较好的天气上午几点钟，在心里估算着拍，要一卷拍完、洗出来才知道拍得好坏。现在拍的是数码，马上能够看见，多拍两张总有一张好的。

有朋友好心让我去参加摄影社，办摄影展时也让我拿几张照片去，但我觉得我和他们不一样，他们讲究艺术，我不讲究，我的口号是“拍下来就是胜利”。比如我没有拍过巴老，因为当时小青年，不好意思。现在老了，不要脸了嘛，看到谁就拍，人家也拿你没办法。现在我就会打招呼了：“巴老我给你拍张照片好吗？”我后来拍了黄裳、贾植芳等。黄裳那时还给我一个条子：“你上次给我拍的照片能帮我印两张吗？”

因为我不是为了艺术，为了艺术这些照片可能都是没价值的。用光构图都不特别好，可我就是拍了，而且还留着。我几乎不删照片。失焦了或全黑了我才删。有时候我也不知道他是谁，糊里糊涂就拍下来了。有一次就这样把王思聪拍下来了。就是在一个场合对着观众拍，后来回家看照片才看到了，一个极平常的青年。

有些照片，你当时觉得不够好，等过些年你再去看，会觉得蛮好看的嘛。我喜欢看中国老照片，街道，黄包车等，当时也是外国人把中国人司空见惯的事情拍下来了。

我现在有四十万张照片。有空的时候，我用一台底片扫描仪把以前的老底片扫出来，到现在还没有扫完。我有很多奇怪的兴趣，其中我觉得扫底片还蛮好玩的，戴上手套，用吹气球把灰吹掉，这个底片原本看不清谁是谁，慢慢地，几分钟扫出来，一看这是这个人十五岁时候的样子。上次就是，一卷胶卷扫完一看，这不是张献、唐颖和他们的儿子O奔嘛，有十来张，是到我们家来玩的时候拍的，我很高兴，扫出来送给他们。我家里本来有一个磁带摄像机，时间长了坏了，但拍的东西还在。我到网上买来可以录、可以放的二手录像机，把带子上东西放出来，多数是拍我儿子小时候，骑自行车啊，在家里胡闹啊，多宝贵的东西，我就学着把它们数码化了，也会教别人或是帮别人转好，蛮开心。转成数码就不怕磨损了。

人会一个一个消失的。有天李国煣在讲，1995年办过一次笔会，我们到深圳珠海去，合影上已经有两个人没有了，程乃珊、赵长天。陆星儿、蒋丽萍也没有了。我以前为《收获》做“好说歹说”访谈专栏，访过的人里面，贺友直、章培恒、史铁生都已经没了。我去和他们谈的时候，还是他们状态很好的时候。我们这个城市里面有很多有意思的人，我如果做口述实录就会不断地去找他们谈。谈他们的专业，谈个人角度看到的世界，或者他们看到的城市。

有时候也会想，我有精力做工作的时间肯定是不多了。我在晚报的专栏，一张照片加一段文字，也经常拖啊拖。我经常很起劲地在写不给钱的文字。我有某种焦灼，看到了一些社会现象，要发点议论。我要义务地去当网络作协的会长，也会生出很多事情。退休了还做很多杂七杂八的事。我希望尽快卸任。

我还是想写作。创作是好事，把没有的变成有的，这是上帝的工作，这是至高的权力。当你有这个本事，将无变成有，这让大家很信服。做人很单调，很枯燥，无论做凡人做皇帝。但做作家有一层精神生活，可以和虚构的人一起玩。否则你想做人好没趣啊。

2018 年 11 月 9 日 叶永烈在家中接受采访，图为他展示《小灵通漫游未来》初版本（吴越 摄）

叶永烈：燃点 1978

2018 年，上海“改革开放四十年四十人”访谈稿

时间过去了快四十年，上海这座城市如魔方般一刻不停变化了千百遍，可是叶永烈的上海故事，是从肇家浜那条泥泞、狭窄的弄堂缓慢开始的。

记忆永远清晰，评弹的声音从对门原先是老虎灶的大众茶馆飘出，孩子们的嘈杂嬉闹声穿透了只糊了一层腻子的篱笆墙，忽然有人喊，叶老师，侬的挂号信哦。叶永烈从阁楼上弓着腰爬梯子下来，声音已经远了，窗户插销下面压着一个信封。邻居都是工人，来自周边的大中华橡胶厂等工厂车间。叶老师叶老师，他们这样恭称着这条由拆迁户私房组成的弄堂里唯一的大学生。祖籍温州的叶永烈和他的妻子，以及在这里出生的两个儿子，自自然然说着上海话，过着里弄生活。在后来的日子里，叶永烈去北京采访过无数次，也环游过全世界，但他只有回到上海才感到是回家。

复苏的“小灵通”

叶永烈是 1963 年从北京大学化学系毕业的，读

了六年书，按苏联学制，读出来应该是“副博士”，但是中苏关系发生变化，“副博士”没了，毕业后，他被分配到一机部上海电表研究所。叶永烈很熟悉上海。他的父亲新中国成立前是温州商业银行行长，新中国成立后成为温州市政协委员，经常提着大皮箱坐轮船出差去上海。他考上北大后，来来回回总是要从上海中转，父亲笑着叮嘱他，经过国际饭店仰头看时，要小心按住自己的帽子。与北京相比，他更亲近上海中西交融的风味，不久妻子也从温州来到了上海，可是叶永烈资历还浅，分房无望，只能赁居。偶尔一天，叶永烈和妻子在 43 路公共汽车站头等车，看到电线杆上贴着“卖房子”，两人正并头在看，一位中年妇女走来，引他们走进了那条弄堂，她是居委会主任，告之，是一位老工人想卖掉私房。那时的叶永烈，恰好存有一笔钱，是少年儿童出版社 1961 年支付给他撰写的《十万个为什么》的稿费。他们高高兴兴地搬进斗室，学会了用煤球炉烧饭、用筹子去取自来水，星期天和大家一样双脚踩在盆里洗床单，平时孩子放学回家就在隔壁邻居家做功课、吃饭。在艰难的岁月里，这条弄堂给了他们最大的庇佑。

时轮转至 1978 年。这一年初夏，叶永烈十几年前就写好了的科学幻想文学《小灵通的奇遇》终于在少年儿童出版社出版，改名《小灵通漫游未来》。那叠已经在漫长岁月中泛黄暗淡的稿纸，在“科学的春天”

里大放异彩，它生动地告诉了人们什么是“四个现代化”，也复苏了僵化已久的科学人文思维。一天，摄像机进了叶永烈的家，造成了整条弄堂的轰动。一位名叫富敏的电视台导演（她后来拍了电视连续剧《十六岁的花季》）前来采访。不久后的一天，晚饭时分，隔壁邻居匆匆来敲门，来不及细说，把叶永烈拉到他家，拨开人墙，将他推到一台 24 英寸的黑白电视机前，上海电视台正在播放对他的专访。那时，叶永烈已经是上海科教电影厂的编导，并在科教片领域崭露头角，但这是他第一次在屏幕上看到自己的形象，一时间如梦似幻。

四十年来，《小灵通漫游未来》长葆青春，衍生出二三十种版本，影响了一代又一代人，仍在不停重印，总共已经发行了四百万册。

叶永烈收藏着一张黑白照片。照片中，作为时代先声的三位代表人物——《于无声处》作者宗福先、《伤痕》作者卢新华和《小灵通漫游未来》作者叶永烈坐在一条长椅上，画家陈逸飞站立着为他们三个画速写。这是 1978 年这个年头的一份胶片记忆。

叶永烈的好运在继续。1979 年，《光明日报》《文汇报》《人民日报》先后在头版头条或显要位置发表文章，称赞叶永烈在逆境中坚持创作，为少年儿童提供了丰富的精神食粮。《光明日报》在配发社论中还号召知识分子向叶永烈学习。在原中共中央政治局委员、国务院副总理方毅的关心下，叶永烈获得一千元人民币的奖励，副总理还指示相关部门给叶永烈提供良好的工作和生活环境，以促使他更专注地进行创作。

1979 年 7 月 1 日，一张《租用公房凭证》和漕溪路漕溪公园旁边一间使用面积为 32.7 平方米的两室户的钥匙送到叶永烈手中。叶永烈首先把一本《小灵通漫游未来》放进了新屋，让“小灵通”第一个住进去。叶永烈是这条弄堂里十五年来第一个搬家的。这成了弄堂里又一次轰动事件，所有邻居都涌过来参观这间配有卫生间的新居，亲眼看到了国家对知识分子的关心，也感受到了一个新时代火热的开端。

“红色起点”上再出发

1987 年的一个早晨，叶永烈在洗漱时习惯性开着收音机，一条字数不长的新闻消息改变了他的后半生。消息说，上海作协将第一次公开招聘，引进一批专业作家。这时的叶永烈，已经被组织部门从上海科教电影制片厂调到了上海科普创作协会，是副理事长，又是上海科协的专职常委，头衔一大堆，但他仍想回到创作中去。没有悬念地，他成为当年上海作家协会首批八位专业作家之一。

其实，还在科协的时候，叶永烈就已经发表了诸多小说，包括在《收获》发表的《青黄之间》，在《人民文学》发表的《腐蚀》，都产生了很大影响；而他在《文汇月刊》等刊物上发表的报告文学，更是“写一篇红一篇”，读者追着要看。进入作协后，在小说与报告文学这两者之间，叶永烈选择了后者，尽管他写小说也花了大力气，也开始结出果实，但他敏锐地察觉到，写小说的人很多，可是在报告文学领域里，中国当代重大政治题材这片已然开禁的“禁区”还少有人涉足。他决定向高海拔地区进发。

叶永烈的大学同学们恐怕要大吃一惊，这不是他们所认识的那个小心谨慎的叶永烈。早年间，叶永烈因出身不好，总是独来独往、少言寡语。一早背书包去图书馆，晚上回宿舍倒头便睡，远离一切是非。现在的叶永烈完全转了一百八十度，专写重大的文化人物和政治人物。越是别人不敢碰的，他越是敢碰。不是他吃了熊心豹子胆，而是十一届三中全会之后，中国的改革开放给了他宽阔的视野和求真的勇气。叶永烈相信，时代滚滚向前。

写什么呢？叶永烈在上海已经工作和生活了二十多年，他从心里认定自己是一名上海作家，承担着上海作家的责任。把中国共产党诞生的全过程写出来，恐怕就是这份责任中首要的一块。

叶永烈骑自行车去中共“一大”会馆，馆长看到他说，你们怎么又来了。原来，在叶永烈之前，已经有两位老作家先后来了解过情况，但遇到绕不开的、当时又无法明确给结论的问题，皆无功而返。叶永烈说自己运气好，这一次又踩在了鼓点上，一些例如“如何看待陈独秀”“共产国际与苏联的关系”等重要问题开始松动，叶永烈用信实的史料和当事人访谈，将上述问题一一解决，写出了《红色的起点》，又一鼓作气完成了后两部作品《历史选择了毛泽东》《毛泽东与蒋介石》，构成总字数一百五十万字的“红色三部曲”，制作中国台湾版、香港版，以及输出英文版、法文版、阿拉伯文版。从此，“红色起点”——这个生动、形象而准确的概括，向全世界告知了上海在中国共产党历史上的作用与意义。

自创“两确”原则

众所周知，叶永烈在他所从事的重大政治题材传记文学中著作累累。在公众的印象中，他神通广大而又低调神秘。那么，几十年来，他在与各种各样的人，各种各样的回忆、说辞和观点中，是如何摆正自己的立场与位置的？是如何掌握他手中这支笔的？叶永烈很早就提出了他的“两确”原则：观点要正确，事实要准确。一个是史观问题，一个是史实问题。

关于史观，他用三个字做了解释：走正道。他见过那么多特殊人物，写过那么多传奇人生，他有一个感悟——无论风云如何翻滚，一个人要有坚定的信念，要有政治判断力，选择正确的道路是最重要的。为了把握史观，他比较系统地学习了中共中央文件，尤其是《关于建国以来党的若干历史问题的决议》，已经不知读过多少遍。

关于史实，他的办法其实很“笨”：一有线索，立刻紧追不放；一旦采访，绝不放过一个“活口”——在世的当事人、知情人全都要采访一遍。他从来不肯东拼西凑。任何题材，如果没有第一手采访，没有自己独到的东西，他宁可不写。因为他深知，只有自己采访的、掌握的材料，才能让一本书变“活”，更重要的是，有权威性，经得起时代淘洗。

在叶永烈众多的著作中，还有一部特殊的作品，是他向 1978 这个特别的年份献礼、致敬与回顾之作，这就是《1978——中国命运大转折》。这本以 1978 年 12 月在北京召开的中共十一届三中全会为主题的长篇纪实文学，叶永烈早在 1987 年刚进入作协时就思量过，到 1994 年开始着手采写，写了一部分之后放下来。直至 1996 年，他放下手头的其他创作，全力以赴地写，终于写出了四十万字初稿，之后又做了大修改、大补充，几乎重改一遍，定稿时全书为六十万字。这本书初版于 1998 年，此后几乎每隔十年就再版一次，已经成为一部经典之作。时隔四十年，当全国涌起“纪念改革开放四十周年”热潮时，曾以这样一部巨著来还原改革开放横空出世历程的叶永烈，也成为上海“改革开放四十年四十人”的受访人物之一，这不能不说，是一个近乎完美的圆。

泳者叶永烈

2018年秋天，上海作协委派我采访叶永烈，得受教益，之后偶有联系，直至2020年5月15日叶先生去世。此文应《北京青年报》纪念叶永烈先生而作，后被《新华文摘》转载。

1

2013年秋冬，我在上海杂技团采访时，偶然得知，已经毕业四十多年的“上海杂技训练班”一直在寻找一部名叫《杂技新苗》的科教片。当事人回忆说，枯燥艰苦的训练中，夹杂着一次特别的“拍电影”经历，那是他们于1975年首次登台后不久，上海科技教育电影制片厂一个摄制组进驻，蹲点跟拍杂技训练班从训练到演出的林林总总；少男少女们不知从哪儿听说这部片子使用的是当时相当稀罕的国产最新彩色胶卷，于是在拍摄中更加卖力。半年后，这部名叫《杂技新苗》的科教电影拍成，还专为杂技训练班放映了一遍。可是，时间到了2007年，当他们举办入学

35 周年纪念会的时候，发动了文化界所有关系，查遍了电影资料馆和广播电台，却怎么也找不到《杂技新苗》半点踪迹，它就好像在时间的海洋里隐身了。

我在写作《杂技四十年》这篇长文时也找了这部传说中的电影，连旧书、旧物网都没放过，同样空手而归。这几天，翻阅网上多家媒体和个人撰写的怀念叶永烈先生文章时，很多资料照片涌了出来，我在“上海通志馆”发的公号文《叶永烈：斜土路 2567 号往事》中看到这一张老照片，是叶永烈还在上海科教电影厂做导演时，被派到上海杂技团拍摄马戏节目，那时他精瘦，大约舞台灯光炽热难当，只穿跨栏背心，但标志性的黑框眼镜后面是熟悉的较真神情，我接着在叶永烈博客上找到了更清晰的老照片。那是在 1976 年，距离叶永烈 1961 年就写好了的七万字的科学幻想文学《小灵通的奇遇》改名《小灵通漫游未来》在少年儿童出版社出版，还有两年距离。而 1976 年这个年份，恰恰又对得上受访者告诉过我的时间段。再退一步说，这些片子——按照叶永烈相关文章中所述，是为内部放映而拍摄，那它们的下落不明或片名改动是否就有了合理解释？

如果我早点能搜集到这张照片，也许会在采访叶永烈先生时，向他多提一个问题，而他也一定会以迅速的回忆来判断，以十分清晰确定的语气回答我“是”或“否”。也许，那会成为他经历中的再一次微型的

“考古”。

可惜，没有机会了。

2

幸好，在 2018 年 11 月 9 日那唯一的一次登门拜访中，完成上海作协交办的“改革开放四十年四十人”采访任务之余，我问了一直想问的两个“超纲”问题。

问题一：几十年来，在与各种各样的人、事、回忆、说辞和观点打交道的过程中，你如何相信自己手中的笔是垂直于纸面的？

叶永烈回答：我很早就提出了我的“两确”原则：观点要正确，事实要准确。一个是史观问题，一个是史实问题。

关于史观，我用三个字作解释：走正道。我见过很多特殊人物，写过很多传奇人生，我有一个感悟——无论风云如何翻滚，一个人要有坚定的信念，要有政治判断力，选择正确的道路是最重要的。为了把握史观，我比较系统地学习了中共中央文件，尤其是《关于建国以来党的若干历史问题的决议》，已经不知读过多少遍了。

关于史实，我的办法其实很“笨”：一有线索，立刻紧追不放；一旦采访，绝不放过一个“活口”——在世的当事人、知情人全都要采访一遍。我是从来不肯东拼西凑的。任何题材，如果没有第一手采访，没有自己独到的东西，我宁可不写。因为我深道，只有自己采访的、掌握的材料，才能让一本书变“活”，更重要的是，有权威性，经得起时代淘洗。[1]

问题二，我转向问一旁陪同我们采访的叶永烈太太——杨女士：您先生总是在风口浪尖上与那些复杂的历史、敏感的人物打交道，您曾经为他人身安全担心过吗？

杨女士笑答：不会的，他经常出差一去就是几十天、几个月，但因为他做的是正事、是好事，他也有分寸、有策略。

叶永烈接过话头：我的纪实文学生涯，从第一个采访开始，就是拿着上海作协开的介绍信去的。我不担心人身安全，因为我写的都是经得起考验的事实。反而有时候，我还会受到明里暗里的支持或保护。我相信历史不会开倒车，改革的车轮滚滚向前。

1　关于“史观”与“史实”的阐述，已见于先发表之文《泳者叶永烈》，此系再引。——作者注

其实，我一直还有个难以摆上台面的问题。我在心里问：叶老师，您已经写了三千万字，为什么还在写，还在写？写传记不够，还要写随笔，写小说，写游记。您已七十八岁，不觉劳累吗？

采访结束几天后，我手机上收到他发来的一条“特殊的双十一感想”，文不长，录于此：

今天是双十一。整整十年前——2008年11月11日，在上海肿瘤医院动大手术，捡回一命。据医生说，术后五年生存率为50%。我庆幸在十年之后还忙于工作。谢谢上苍保佑。

十年前，我经上海五家医院的检查，均确认癌症，必须开刀，这才在上海肿瘤医院动了大手术。但是，几乎令人不可置信，我出院之后，尽管我家离上海肿瘤医院不远，我却再也没有踏进上海肿瘤医院大门，没有复诊过一次，也没有吃过任何抗癌药、保健品。每年春天，上海肿瘤医院必定打我手机，而且问：“接电话是叶永烈本人吗？”我知道，他们在统计手术后的存活率。此外，别无联系。

手术之后，我知道来日不多，所以开足马力，几乎每天工作十多个小时，尽量把要写的作品写出来，这样在告别这个世界时没有

> 遗憾。我还抓紧时间满世界跑，写出二十二卷“叶永烈看世界”游记。还整理了二十八卷《叶永烈科普全集》(大体上是1983年前的作品)，于2017年出版。
>
> 天佑吉人。这十年我却平平安安，没有住过一天医院。只是年纪毕竟不饶人，今年夏日累倒，不得不住院。也不得不去上海肿瘤医院复查。目前，情况稳定。我庆幸已经“赚”了十年。看看还能再“赚”几年否？

没问出的问题都有了答案，又惊觉疑问早已被他读到。

3

江湖传说，叶永烈以泳池作书房。我原本以为巨大、奢华而工巧，那次实地一见，泳池不过是顶楼露台上一间贴砖阳光房而已。

后来，我为自己的设想感到可笑，叶老师不是一个喜欢空中楼阁的人。1963年，叶永烈从北京大学化学系毕业，分配到一机部[1]上海电表研究所，在肇家浜一条泥泞、弯曲的私房里弄安下家来，邻居大多是

1　一机部：“中华人民共和国第一机械工业部”简称。

在大中华橡胶厂上班的产业工人，他是唯一的大学生。日子久了，他学会了用煤球炉烧饭（后来他还曾把自己比喻为“煤球炉”式的作家，燃得慢但烧得久），学会了用筹子去取自来水，星期天和大家一样双脚踩在盆里洗床单。这条粗陋的弄堂护佑过他。叶永烈亲口告诉我，特殊岁月里，曾有人冲到他家里来，要找他麻烦，结果被闻讯赶来的一群老工人围住了，他们脸红脖子粗地叫道：你们敢动叶老师一根手指头，我们就动你！

这声音过了半个多世纪了，还在他耳边。

当然，传说不完全是传说，这楼顶，确实曾经充任过一段时间的迷你泳池，后果是造成了楼层渗水。于今，三列八十年代风格的木质书柜纵贯十来米，充塞着海量资料，柜边一张单人床。生病前，叶永烈时常在这儿躺着读书，累了就在阳光中小睡片刻。

虽为书房，仍可视为某种“泳池”。看得见和看不见的历史在这里交汇流动，缓急不定，冷热不匀，一位戴眼镜的老书生仰泳、潜泳、自由泳于其中。他是与时代巨轮同时启航的一位泳者、勇者。他是拓荒人。他是守夜人。他的写作道路至今仍然鲜明地呼应着“1978”的风格、气质与召唤。

自少年时代以来，我一直是叶永烈历史著作的读者。从来想不到能认识这位改变了万千人知识尺度的前辈。可是这次采访之后，一种写作者特有的能量和温度传递到我的手中。与叶老师此后在微信里偶尔闲聊几句，他都很亲切活泼。最后一次展开谈是在 2019 年 9 月，他出乎意料地对我大加鼓励，同时语气如常地带上一句“在病中”，我顿觉不妙，但也无法接话。再往后，可能因为动了大型手术，他只能以“谢谢”等表情符回应我的问候了。

从昨天（2020 年 5 月 15 日）中午得知消息到现在，我原来配发采访文章的照片和视频被大量媒体、自媒体引用，包括：叶永烈手持《小灵通漫游未来》初版图书，叶永烈手持《1978——中国命运大转折》图书，叶永烈提供的黑白老照片——1978 年，《于无声处》作者宗福先、《伤痕》作者卢新华、《小灵通漫游未来》作者叶永烈坐在一张公园长椅上，画家陈逸飞站立为他们速描，上影厂导演宋崇在一边观看……另一方面，擅画文人书房的绿茶老师根据我提供的照片画了“泳池书房”淡彩画，我拍的几段谈话视频则被“梨视频”剪辑连接成了独家，现在，我又在深夜写着这些文字……在这遽然流转中，我始终虔诚与专注。这是在给叶老师做最微末的事。

愿今夜的蔷薇雨，落进深深的、蓝蓝的泳池。

辑三

残酷的花：韩国当代文学印象

写作课上的幽灵：科尔姆·托宾在上海

勒克莱齐奥：我把自己比作一个鼓

2013 年 12 月 13 日 采访韩国小说家韩江（吴越 摄）

残酷的花：韩国当代文学印象

2013冬季，以首尔为半径的文学发现

缘起

2013年底，上海，在一个中韩女作家交流的场合，我与韩国文学翻译院的一位女主管交谈时，轻微感叹：韩国流行文化、娱乐明星和影视作品早已渗透到中国，可为什么在中国几乎看不到现当代韩国小说？她上了心，回去便发邮件问我有没有兴趣去韩国走一趟。我回邮件说：韩国作家中，我只知道诗人高银，如果能采访到他，我就来。高银之外，还想采访的人选有：七〇后、八〇后代表作家、影视编剧、能够为我梳理韩国文学史的学者。

2013年12月10日，我踏上了韩国当代文学之旅，口袋里装着这样一份拜访名单：

诗人、诺贝尔文学奖候选人高银；

2005年度李箱文学奖[1]得主、作家韩江；

2009年度李箱文学奖得主、作家金洐洙；

1 李箱文学奖：1977年由文学知性社创办，为纪念英年早逝的韩国作家李箱而设立的纯文学奖项。

第十届文学村小说奖得主、作家与电影编剧千明官；

西江大学国文系教授禹灿济。

玄鹿

这是我第二次前往首尔。2008年5月，应“首尔文化节”（Hi! Seoul Festival）之邀，我与沪上几家媒体同行一起在这座城市玩耍了一个星期。那时，这座汉江边的城市改“汉城”之名为“首尔”还没多久，我感觉它处于某个转换过程之中，展现在外人面前的是若无其事的轻快与极尽鲜妍的华丽。就像大韩航空的主题颜色，一种明度与纯度都很高的天蓝色，特立独行，见之难忘。与浓烈、传统的国旗色相比，这种甜蜜愉快的“糖果色”“马卡龙色”仿佛喻示着当代韩国人渴望卸下历史包袱的心理。这是我当时的想法。

抵达的当天深夜，窗外飘起了雪花。我蜷在被子里赶读一本名叫《玄鹿》的长篇小说——其实是韩国文学院提供的一沓打印稿。

读着读着，我所处的小小房间变成了一个冬天冻土下的洞穴。

《玄鹿》有两个主题：关于“玄鹿”的传说及一个叫“鸢谷”的山村故事。

传说中的玄鹿是生活在地下深处的岩石缝里的幻想动物。它用角照明，靠锐利的牙齿啃食岩石而活命。它的梦想是上到地面去看阳光。然而它在以角和牙齿做担保去看阳光的瞬间化成一汪泪水。

“鸢谷”是一个冬天放的纸鸢最终飞落的山村。那个山村的春天是以集中冬天飞落的纸鸢放火烧掉时开始的。

小说中有四个主要人物：出生于江源道的鸢谷矿工之女义仙，丧失了部分记忆，美丽而言行出人意表，总是无缘无故出走，像一棵无根无果的植物；偶然收留了义仙的杂志社女记者仁英；仁英的学弟，爱着义仙的明润；仁英的采访对象，主要拍摄煤矿照片的摄影家张宗旭。在寻找突然出走的义仙的过程中，这四个人串成了一根线，循着掩埋的悬念而去，却落入各自的深渊，露出幼年期或家族史的深深创伤……

回过头去看，记住了小说家的名字：韩江。

《玄鹿》是韩江的第一部长篇小说，已经显露出了作家的文学气质：飘逸而又厚重，敏感而又结实。它使我窥见了韩国文学的残酷、美丽与幽深，恍如一朵缓缓张开的花。

在深夜的窗前，望着白雪覆盖的城市，我意识到，韩国人无法彻底“减负”。他们将痛苦与沉重埋藏在表层之下，埋藏在文学里。

"人就是玄鹿啊，都想从黑暗的地方出去，去寻找光明。"

两天后，当我在江南区一家洒满清晨阳光的咖啡馆里与韩江对坐而谈，她莞尔一笑。这位出生于1970年的作家身材苗条挺拔，脱下浅色西装后，便是一身黑衣，纤细的手腕上戴着圆环套圆环造型的时尚手表，说话轻声细语，目光柔和，有点小女生的羞涩和迷糊，笑起来，鼻梁微皱，配着过耳的直发垂下遮住半边脸庞，格外青春可爱。

与外表不相称的是她孤身前往历史深处溯游的强韧。

1980年1月，韩江一家从光州搬到首尔（当时叫汉城），恰恰与当年5月爆发的"光州事件"擦身而过——但从某种意义上来说，又可以算得上是一种迟至的正面相逢，因为，在后来的文学生涯中，她宿命般地追寻着那桩与童年故地紧密相连的悲剧，也思考着人类是否能够彻底放弃暴力。这股回潮的冲动，既给她带来写作的动力，又不断制造着困难。

彼时，韩江正沉浸于第六个长篇小说《少年来了》的创作（这部小说后来获得2014年韩国万海文学奖）。与我的见面，也像是一头玄鹿钻出地下来晒晒太阳。

吴越：你是如何登上文坛的?

韩江：上世纪九十年代是独裁和军部统治结束的时期，从那时开始，在韩国文学界，讲宏观的、社会性的作品没有市场了，作家和读者都更注重探索内心的、个人的东西。1993 年我发表《红锚》登上文坛，算是从“作家揭露社会”的强迫症中解放出来的第一代作家。当时出了不少年轻作家。

吴越：1988 年汉城奥运会对你有什么影响？

韩江：我当时正在补习班里复读呢，窗子旁边在传递圣火。我当时心情可想而知是不好的。

吴越：你的父亲也是一位作家，你如何看待文二代的身份？

韩江：我开始发表作品时只有二十多岁，当时很不愿意别人说我是谁的女儿。我自己更是能不提就不提。现在我从事创作也有二十多年了，能够坦然道出自己是谁，父亲是谁了。这是一件很有感情、很有人情味、很棒的事实。其实，到目前为止，我觉得最幸运的事情就是父亲是一位作家，我因此得以在小时候就看了很多的书，拿到什么书都津津有味地读下去。看书是我童年唯一的乐趣。

吴越：你如何看待父辈们、上一代作家的作品？

韩江：可以说两代人写的小说完全不一样。主题不重合，类型也不一致，关心的事情也不一样。不过我并没有刻意区分作家的代际，因为我觉得只要是和国内作家在一起写作，就是他们当中的一员。

吴越：《玄鹿》之美丽和伤感给我留下很深刻的印象。这个传说是韩国本土的吗？

韩江：这个故事可能是来自中国的。我最初看到它是从阿根廷作家博尔赫斯的《想象中的动物》这本书中。书中写到这只鹿为了想要从地下来到地上，见到阳光，就向人们交出了它的蹄子和牙齿，保证不会伤害人，但是它一来到地上，就融化了。化了之后变为一摊泪水，这是我加上去的。二十多岁时，我读到了这个故事，二十五岁时，我想写一个煤矿题材的故事，当时就想要把这个传说放进去，二十八岁，写成了《玄鹿》。

吴越：评论家说你拯救了"故事"，你是怎样做到的？

韩江：我写《玄鹿》时也写到了煤矿生活，也写了人们的痛苦。我两个都想兼顾，就自然而然地形成了自己的故事。这个故事虽然关于煤矿，但其实里面的人物义仙、仁英，还有后面的摄影家，他们生活在地下，想寻找光明。所以题目取为“玄鹿”，在韩国是黑鹿的意思。我们人本身就是玄鹿，都想从黑暗的地方出去寻找光明。

吴越：你怎么看待小说中的爱情关系？

韩江：男女爱情是人类的基本条件。男女之间也是可以存在友谊的，以平静的心态是可以保持友谊的。不过，我写小说并不是讨论爱情，而是讨论“人是什么”这个主题。人的感情是很复合的东西。我就是想要把复合的感情细腻地表现出来。这个小说里的人物都是有比较迫切的孤独、怜悯、情感，他们分享着彼此经历的不同。

吴越：你所探讨的“人是什么”这个主题，有没有心得和我们分享？

韩江：我的写作主题，从大的方面来看确实就是“人是什么”，现在我也不断在思考这个主题，每次写小说时都会问自己这个问题。写《玄鹿》时我就想，人是什么，人就是和玄鹿一样的存在吗？我写第二个长篇《你那冰冷的手》时，我对自己提出的问题：人是什么？人的脸是什么？人的脸是不是假面，人是不是生活在假面中所以才会孤独。我写第三部长篇小说《素食主义者》时，思考的是人能不能完全地去除暴力，能不能在去除暴力的状态下生存下去。我现在写第六个长篇小说《少年来了》也是问这个问题。

吴越：怎么会想起来写《素食主义者》这样一个“妻子”的形象？

韩江：《素食主义者》的灵感来自韩国作家李箱的笔记中的一句话，是这么说的：“我认为只有人，才是（真正的）植物。”我常常莫名地联想起这句话。在此之前，我写过一个短篇小说《植物妻子》，写到一个女人会逐渐变成植物，这是我至今为止最用心去写的一个短篇小说。后来我重读自己的这篇小说，产生了一个奇怪的感觉，一定要再好好写一下这个形象。于是，果真接下去写成了一个长篇《素食主义者》。

吴越：写长篇是证明自己还是内心真正的需要？

韩江：内心需要。我喜欢写长篇，一般每写一篇需要一年到三年的时间。我觉得我的人生属于小说。我对自己的能力没有负担感。写第一部长篇《玄鹿》是比较困难的，搜集资料很辛苦，但也第一次学到了在理想和现实之间保持平衡的经验。写长篇的苦恼是在经济方面影响比较大。短篇一般一个月内可以完成，对生活没有影响，但是写长篇的时候，收入无着，最困难的是自己沉浸于其中，最后写完了还得出来，这个过程让人感觉到累。哪怕写到第六个长篇了，也还是一样，感觉每天的写作同时也是和生活在做斗争。但这是没办法的事情，我生活在这个世界上，就要和人们沟通。我只能最大限度地保证自己的写作和生活。

吴越：你参加过爱荷华写作营，在各国作家交流时，你觉得自己代表了韩国文学的哪个方面?

韩江：我是1998年参加美国爱荷华写作计划的，当时与我同期的好像没有中国作家，有来自十八个国家的二十位作家。我没觉得我是代表韩国去交流的，在和别国作家打交道时，我的感觉就是，搞文学的人都是非常相似的，比起不同点，共同点更多。我好像只不过是跑过去确认了一下我们有这么多相似点而已。

这次访谈之后第三年，2016年5月17日凌晨5点，四十六岁的韩国女作家韩江获得2016年度布克国际奖大奖，成为获得这一奖项的首位韩国作家。

布克奖创办于1968年，办奖目标在于提高公众对严肃小说的关注。经过几十年的经营，它的威望超过了英国大大小小的其他二百多个文学奖，被认为是当代英语小说界的最高奖项，也是世界文坛上影响最大的文学大奖之一。获布克奖后再获诺贝尔文学奖的作家有奈保尔、库切、爱丽丝·门罗、威廉·戈尔丁、纳丁·戈迪默等多位。布克奖作品中为中国读者较为熟悉的有《提堂》《少年Pi的奇幻漂流》《耻》《英国病人》《长日将尽》《辛德勒方舟》(改编成电影《辛德勒名单》)等。

布克国际文学奖是布克奖主办机构于2005年创立的一个文学奖，是布克奖的补充，旨在奖励在小说创作上取得突出成就的作家，无论国别，全球所有以英语写作或作品有英译本的在世作家均有资格获得此奖。评选时考虑候选人的全部作品而不是某部作品，每两年评选一次，奖金六万英镑(约合五十九万元人民币)。

韩国文学的崛起，也许正从韩江获奖的这个时刻开始加速了。

疤痕

韩国文学与韩国电视剧和韩国流行文化的气场、气息是如此不同。法国学者马特尔在《主流》一书中指出，韩国电视剧贩卖的是一种家庭幸福感，而韩国文学——

“韩国文学就是痛苦的文学啊。”西江大学文学系教授禹灿济说。

在详细说明这一点之前，作为背景介绍，禹灿济教授为我梳理了一份韩国文学与近现代社会相伴发展的脉络。

1945 年，韩国摆脱日本三十五年的殖民统治终告独立，1950 年，又经历了韩国战争。战争结束后，韩国几乎是亚洲最贫困的国家。经济方面贫富不均，政治方面民主不充分，这两个问题成为上世纪七十年代以来韩国文学反映的核心内容。

进入二十世纪八十年代，较之个人问题，韩国文学更加关注社会、阶级、集体的话题，直到 1988 年汉城奥运会、九十年代苏联解体和东欧剧变之后，整个世界格局发生重大变化，韩国文化才从重视集体问题转向个人，从重视社会理念到解决个人的欲望、日常生活，以及社会上存在的现实，如南北分裂、阶级分化等。

时至九十年代，经济起飞，一片盛世，韩国文学氛围再一次发生变化，作家们讨论的不再是已经存在的问题，而是一些人为设置、构造出来的问题。但 1998 年成为一道分界岭。亚洲金融危机影响韩国经济，很多人失业下岗，韩国文学又重新开始关注现实，一些作家对自己的经验进行了新的加工。

禹灿济教授毫无遮掩之意地告诉我，眼下的韩国，看上去十分发达，但还是隐藏着各种各样的疮疤。“无论从普遍的角度还是从历史的角度来看，韩国文学都是一种‘升华痛苦’的文学，也就是对痛苦进行思考的文学。文学，起着治愈的作用”。

韩国作家在对痛苦进行思考的写作中，又分化出“不安的主体”和“历史反思”等多个题材类型。所谓不安的主体——“包括心理上的不安，身体上的不安，经济上的不安等，这既是世界文学的主题、人类共有的心理，也是韩国作家笔下越来越多出现的情况，”禹灿济说，“人与人之间的隔断增加，交流越来越难。有的小说中，主角就一个人待在家里哪儿也不去，只和小猫小狗说话。”

“历史反思”则更具韩国特色。禹灿济说：“读者看多了一些反映现实问题的小说，产生逆反心理，于是开始有小说家利用过去的历史资源，用今天的笔法重新叙述，思考生活在当下的我们如何回溯过往。”

他列举说：“这一类历史资源包含了慰安妇、战争痛苦、光州事件、在海外韩国移民的生活与苦难等等。”

禹灿济详细向我推荐了以下值得关注的韩国作家：

崔济熏——“擅长从文化要素中取材，把各种文化信息混合起来，将现实与虚构结合，写得非常有趣。”代表作《男爵的城》《七十只猫眼》《仰睡》等。

金爱烂——“三十多岁就已经是一位成熟的小说家，写了在现实中那些应当受到照顾的人的故事，不管他们怎么努力，情况不会改观，并且还会继续恶化下去。”代表作《飞行云》《老爸快跑》《噙满口水》等。

韩江——“她的核心特色是描写被家人、被其他人抛弃的生活，笔下的人物好像不属于世界上任何一个地方，在任何一个地方都无法获得幸福与放松。”代表作《你那冰凉的手》《素食主义者》《玄鹿》等。

金英夏——“以游戏般的冲突来创作故事的一个作家，追求崭新的文本，超越现实，正视、直视幻想，他笔下的人物是消费社会后现代特点所构成的心理复合体，具有我们这个时代的忧郁和倦怠感。”代表作《我有破坏自己的权利》《黑色花》《光之帝国》等。

卜惠英——“描写怪异世界的作家，她擅长戏剧性的刻画，笔下的作品让人感觉这个世界太可怕了，读者通过小说看到伴随着恐惧和怜悯而来的各种各样的幻影。”代表作《庭院》《夜晚的求爱》《灰尘与红色》等。

姜希真——“她写一些韩国作家才能写的题材，例如逃北者在韩国生活的故事。这位作家目前在韩国还不是特别有声望，但却是特别的，她的作品告诉了世界我们韩国人在思考和苦恼什么样的问题。”代表作《幽灵》等。

心派

在后面的日子里，每采访一位作家，我就会问一遍：“你认为韩国文学是痛苦的文学吗？”

得到的答案并不一致。

八十多岁的老诗人高银（他的故事很长，以后有机会再另写）的答案是肯定的。

“小时候我没有祖国，依靠他人而生活，非常痛苦，韩国光复后，找到了祖国，但又面临分裂的痛苦，然后，是军事独裁者当政的痛苦。现在，韩国看似平和，但矛盾严重，我能够看到贫富分化和年轻人的绝望。以前我所面临的痛苦，与现在年轻人感受的痛苦，并无高下之分。”

四十多岁的作家金洐洙却不同意。被誉为韩国当代“最会写悲伤故事”的他，虽然承认自己在写作中贯穿着绝望的情绪，但一个劲儿跟我强调，他想要表达的只是“人与人之间各种互相不可理解的关系”。这确实很悲伤，但并不是韩国所特有的悲伤。无论是他本人，还是他身边的韩国人，都并没有把生活看得很不幸。

“韩国毕竟经过了一百多年的战争，作为经历了这样近的战争的民族来说，后遗症是存在的。我看了前辈的作品，很多是关于痛苦的描述，但我觉得那些不是一种普遍的形象，”金衍洙端起咖啡杯说，“那只是特定时期的故事而已。”

编剧、小说家千明官则给了我一个韩国词，翻译成中文，似乎叫“心派”。他说，“韩国的大众文化有‘心派’的倾向，特别是韩国电影”。

具体什么是“心派”呢？就是要引发观众的泪水，刺激流泪，把人的情感引发到极端的角度，让人愤怒，让人痛苦。千明官笑着打了个比方——像这样的语句，“即使恨，也要再来一次”什么的。他说自己也不太清楚这是不是韩国人特有的情感，但可以肯定这种文化倾向不是近一两年才有，是打他小时候就有的。只是现在已经越来越占据大众文化的支配地位了。

“我不认为这是高级的艺术，总是往极端的方面去发展，有点廉价。”话说到这个份上，他又犹豫着改了口，说最近开始接受了、理解了，原因是他发现自己的作品当中也有了一点这类倾向——他换了个说法，“浪漫的因素特别多”。

余华

如果让我采访的这些小说家与评论家推举出一个堪为知己的中国作家，我想一定是余华。

聊天中，不断听到余华的名字。

“我们有一位五十多岁的作家名叫林哲佑，他的作品《别于谷》，背景是江原道一个小小的火车站，一些受尽侮辱、饱含伤痛的人生故事，类似于中国的余华老师写的《活着》。余华老师可能较擅长描写伤痛，而且是用幽默的手法来表达，林哲佑没有余华老师幽默。”禹灿济教授说。

在和千明官访谈时，千明官将自己于2004年获得韩国第十届文学村小说奖的长篇小说《鲸》“挂靠”在余华、莫言一路。

“《鲸》在韩国有一种异质感，不太像韩国小说，但我想在中国是不会令人感到陌生的，这部小说像我所理解的余华、莫言的小说一样，有口传文学的感觉；这两位老师笔下写到的普通人的生活，会引起我的共鸣。”

千明官告诉我，韩国人最喜欢的中国作家可能就是余华了。“他的《许三观卖血记》读者很多，我的朋友正在试图改编成韩国的电影和舞台剧，因为韩国在上世纪六七十年代啊，也曾经有很多人卖血养家。”

因太残酷而至今无法拍成中国电影的《许三观卖血记》，在韩国顺利落地。韩国电影《许三观》于2015年1月14日在韩国上映，评分七分，首轮观影人数超过九十五万人次。

2015 年 12 月 11 日晚 托宾在上海衡山路“工作坊”（吴越 摄）

写作课上的幽灵——科尔姆·托宾在上海

2015 年深冬，轻奢级的偶遇

1

“这些日子天黑下来时，风还和缓。”这是中篇小说《长冬》的第一句。12 月 11 日上海的夜晚也适用于这个句子，衡山路天平路口，一家书店门前支起半人高的海报板，当今英语文学界重量级人物科尔姆·托宾的脸微侧着出现在海报上。

半个多月前，我在微信上看到了“99 读书人”副总编彭伦发出的一则消息：托宾将在这一次的中国之行中在上海开授一次写作课，按时下流行的说法，叫作“写作工作坊”，晚六点到九点半，期间包含一顿简餐，收费六百元人民币。我在第一时间往指定账号里打入了指定的金额。在转发这条消息到朋友圈之后没多久，有位身居美国西海岸的朋友评论道：“天哪！这是谁？世界上居然有这么丑的男人！”

我这才注意到托宾的容貌。确实，他绝对称不上英俊，如果他不会因此而生气的话，我得说，他长了一张“典型的”凶狠的脸。屠夫？变态杀手？科学怪人？随你想象。高耸的额头、深陷的浓褐色眉眼、从鼻翼挂到下巴颏的两道完整的法令纹，以及在已经够长了的下巴下面又紧接着一个硕大平滑的下巴，还有那严肃的、似乎总在离群索居的目光神情，生活中有这副尊容的人失意居多，悲剧气息浓重，也多半性子暴烈、言谈粗鲁。然而，当我注意到他的长相时，油然升起的并非恐惧或者陌生，而是某种缱绻柔情：看，这就是那个细腻、敏感而温暖的人，他藏在这大个子的面具下；他的古怪只因为内心受过深刻的伤害，而终生带着瘢痕——咳！谁又不是这样呢？你只要读过托宾的小说，就肯定能明白我的意思。

虽然书店门口支着海报，但工作坊并不在书店内部进行，而是在几步开外的一家男装店的二楼。这倒也与已经公开出柜了多年的托宾的气场隐约相契。

在等待托宾来到的时间里，谈论他的容貌依然是一个话题。“我觉得他像中国的寿星，因为他有……”一个青岛来的女孩把手举在刘海前面晃了两下，“像寿星一样的额头。”人们陆续到达，一多半是年轻人，其中又有一多半是女孩。有一些人在之前的两场活动中打过照面——在复旦大学的主题演讲和在上海图书馆与中国作家毕飞宇的对谈——相互已有些零星的谈话。根据彭伦的统计，三十六位听课者当中，颇有些是从外地赶来的大学生。翘几天课，从学校坐高铁往返上海，住宿和游玩，以及六百元的听课费，这对于中国的年轻学子来说并不显得有多困难。困难的是找寻写作的路径。一个湖南来的正在读大三的女孩腼腆地要求与我身边的上海大学创意写作专业研究生小徐互相扫码加微信。我还偶尔听到有人在我背后轻声说，此行的另一个目的是到《收获》杂志社送稿子。也有一些略显成熟的学员，比如坐在我左手边的张女士，她本人在一份行业文学期刊任职编辑，也是一位编剧和小说作者。而坐在我右手边的吕女士则是为有志于报考哥伦比亚大学戏剧系的女儿前来，她准备了一枚录音笔，必要时，还将用手机拍摄视频。

托宾曾在斯坦福、普林斯顿、纽约等多所大学教授英语文学与创意写作，如今他正落脚于哥伦比亚大学。

2

托宾架着标志性的红框眼镜（这让他看上去有点像一只鹅），身着白衬衫，宽阔的黑西装敞开，带起一阵风。将臂弯里的灰青色羽绒外套展开在小沙发的木质椅背上，安静地等待着翻译。他的身形比印刷品上的更为高大，动作却并不显得笨拙，他依然严肃，不笑，以至于没有按惯例说一两句用来拉近距离的俏皮话。从作品中臆想的那种脆弱的感觉却消失了，在我们面前的是一个明确而坚定的人。一个摇橹的人，即将带我们登上船，去看一看作家内心的漩涡。

就在这个时候，我忽然想起一个朋友——她坚持要在这篇文章中化名“王小二”，还没有出现。事实上，王小二是在电影院里接到了我的微信。

“难道不是下周五？我还在看《师父》！”

我把刚记下的几行笔记拍照片传给她。

王小二决定起身从电影院里离开。

托宾此时说的，是小说的起始：

> 一个小说的开头是从想象一个空间开始的。比如，闭上眼睛回到你七岁时的一个夜晚，父母出门了，你一个人在家，躺在床上，想象自己也去了父母现在所在的那个空间，一个聚会，或者一个舞会，你看见了什么？他们在谈论什么？他们有什么动作？发生了什么事件？
>
> 某种程度上，作家就是一个透明人，一个幽灵，作家是去想象没有发生的事情，或者，如果你做了与眼下不同的另外一个决定，会发生哪些另外的事情？这些，就是虚构的开始。你未做之事，就是小说开始之处。小说是记忆与想象的混合体。你几乎熟悉、几乎知道、几乎可以经历的那些，才是最重要的。

当王小二赶到之时，托宾恰好在提示我们想象一个聚会的群像。他所依据的底本，是他的爱尔兰老乡先贤詹姆斯·乔伊斯的《死者》和新西兰女作家凯瑟琳·曼斯菲尔德的《花园茶会》。这两个名篇都有着精彩绝伦的场面群像描写。

“即将陆续有人进入这个屋子，”（此时王小二走了进来，坐在靠近门口的一把椅子上，给我发微信说“还好没有迟到很久”）托宾站着，双手举得很高，几乎背贴着墙面，像是从平行的支撑中获得推动力，“你来为他们的到来安排时间、次序，这当中一定会发生激动人心的东西。想象你的生活中有没有一个经常喝醉的舅舅？他会不会成为亲戚们的话题？你的镜头扫过一个又一个人，逐渐定在一个人身上，然后，从这个人的视角看出去的事情就成为你的叙述视角……”

托宾总是要一口气说完很长很长的一大段话，才停下来，从小圆桌上拿起水杯喝水，而后专注地盯着翻译，就像他听得懂中文，要替翻译考虑字句的译法是否准确似的。

3

每个人选用的简餐，事先已经通过邮件向餐厅订好，除了托宾的。他现点了一份。因此，当我们在长条桌的一端开始享用牛肉卷饼、蘑菇奶油意面或者火腿三明治的时候，托宾的桌布上什么也没有。

“Where is your food？（你的食物呢）”我开玩笑地对他说，他耸耸肩，露出了今天第一个笑容，说他也想知道。

一开始有些拘谨，很快，坐在他身边和对面的人拿出手机，试着邀请他与自己合影。托宾一一答应、配合，只是表情依然不轻松。有个女孩想和他讨论某个他在上半场的讲话中提到的话题，托宾简洁地回答说请她在下半场结束后再公开提问。这也好理解，时间已经八点半了，托宾还饥肠辘辘着。终于，一份热腾腾的五颜六色的烩饭端上桌来，旁边替女儿来录音的大姐同情地说，点了个这么特别的饭，难怪要等这么久。

吃过烩饭的托宾步履轻快了很多。下半场开始之前，年轻人自发地排队请他在书上签名。轮到我时，我尊敬地说了一句“I love your *A Long Winter*(我喜欢你的《长冬》)”，他显得很高兴，告诉我说接下来会谈到这部作品。

果然他谈起了《长冬》的写作。“我写的是一个女人，与丈夫吵架了，独自离开家，被暴风雪掩埋在雪下，她的儿子去寻找她，一次又一次，最后终于确认她死了，而后，要依靠秃鹫在那一块地方的上空盘旋来判断母亲的尸体在哪儿……我去过我要写的那个地方，住在那儿，我发现大雪也是有各种形态的，有的是从天上下来的雪花，有的是刮起的风卷起地上的雪，也像是在下雪一样，还有一次，半夜里，我住的那个屋子的门被大风吹开了，我起来去关门，当时就决定要把这个细节写进小说里。”

话筒里传出轻微的沙沙声，接着逐渐变响，盖过人声，翻译停下来，笑说这是下雪的声音。托宾把自己的话筒递给她。没过一会儿，沙沙声去而复返，这个话筒也失效了。接下来的一个多小时，托宾和翻译都在和这两支话筒搏斗，切换。托宾毫无愠色，极为耐心，当他讲完一段意思，就低头调试话筒，轻拍两下，递给翻译，待沙沙声漫响起来，他又已备好另一支，轻拍两下，令人放心地一笑，递给翻译，接过前一支。工作人员不时上台试图修理，始终不得法。真是见了鬼了。或许在这间屋子里还有一个超然我们之外的“ghost”、透明人在翩翩游动，使我们这间屋子里的场景进入另一个未到此地之人的小说之中。又或许在这间男装店里果真泄露了写作的秘密，让艺术的神明为之不安，非要来滋扰一番。

4

时近十点，读者，哦，学员们，仍在提问。

每个问题，托宾都站起来作答。有时候，一些显得不太聪明的问题反倒能激发出好的答案，比如，有个姑娘问，你的小说的目的和意义是什么？托宾把一只手的手指倒扣在背后的墙面上，说，你看这面墙，如果我在这上面放映电影，你什么也看不清，我写小说并不想证明什么或者说明什么，只是想帮你关掉周围的灯，这样你就可以在一瞬间，看清楚墙上的画面，看到别人的生活。

但他终于是招架不住了。另一个姑娘问他写不写儿童文学，什么儿童文学是值得推荐的。托宾的脸上浑似要淌下汗来，以两个“No”终结了追问。当彭伦上台来宣布课程结束，托宾明天一早还要六点钟起来赶火车之时，后者的眼睛里流露出了骆驼般委屈而疲惫的眼神。

彭伦后来告诉我，这是托宾第一次完整地把小说的开始、中间发展和结尾全过程浓缩在三个小时里一气呵成讲出来。

三天后，我问了三位学员，这堂写作课对他们有无帮助，收录答案于下。

编剧张女士：总的来说，还是有帮助的，有些东西可能还要慢慢消化。他说有句子发生，就开始写下去，后面怎么发展走着瞧，倒是实用的。不开始永远写不出。另外，写作是带有神秘色彩的过程，这个说法也很好。不过，他说让读者慢慢享受，但现在读者都心太急，你慢他们就不肯看下去了，你说怎么办？

写作专业研究生小徐：我觉得对《死者》分析得非常透彻，四重奏的比喻很贴切，还讲误导的作用，这一方法同样在他的《长冬》里也能看到。《长冬》实际上是讲延迟的技巧，托宾老师讲到小说结尾时，特意强调不能让读者猜中结尾，没有找到妈妈的尸体，那一笔就像一个扳机，力透纸背。托宾老师的讲课非常适合初步学习写作的人，里面讲到的小说技巧，对成熟作家也非常有帮助。最喜欢的，是他的《大师》。

影视策划王小二：对《死者》和《花园茶会》两篇小说的分析是都知道的，有趣的地方是进入的路径，有一些作家独有的方式很有启发，比如对环境、空间的细致了解有助于真实地完成虚构，比如你要去写自己不远不近的人，熟悉而又不是太熟悉的那种。听完我就对下一个小说有想法啦，觉得可以动笔了！之前一直卡住……

至于我，最受用的是他的那句话——“晚上回家就开始写，不写满三页纸不准上床睡觉。否则你留下的永远是一堆开头。”

写作就像弦乐四重奏

托宾上海写作工作坊课堂笔记

一个小说的开头是从想象一个空间开始的。不能写你身处的地方，一定要写你失去的、错过的地方。比如，想象你的奶奶家或者舅舅家，椅子是怎么样的，红色的，什么红色，椅子的质地呢？厨房有什么味道，邻居家的狗吠叫的声音是怎样的？

比如，闭上眼睛回到你七岁时的一个夜晚，父母出门了，你一个人在家，躺在床上，想象自己也去了父母现在所在的那个空间，一个聚会，或者一个舞会，你看见了什么？他们在谈论什么？他们有什么动作？发生了什么事件？

你未做之事，就是小说开始之处。某种程度上，作家就是一个透明人，一个幽灵，去想象没有发生的事情，或者，如果你做了与眼下不同的另外一个决定，会发生哪些另外的事情？我们的生活本来就充满了偶然，你只是偶然成了现在的你，你只是偶然进入了一段感情关系，偶然买下了现在的房子。那么那些你差点买而没有买的子，你看到过内部的陈设，假使你在那里面生活，会是怎样的？而当你是一个身无分文的倒霉蛋，晃荡在大街上时，你会想到给谁打电话？

这些，就是虚构的开始。小说是记忆与想象的混合体。你几乎熟悉、几乎知道、几乎可以经历的那些，才是最重要的。

要从真实的空间开始想象，把你认识的人安排进来。詹姆斯·乔伊斯在意大利写了《死者》。当他身处意大利，去想象故乡都柏林最显著的特征时，他想到了好客。在都柏林，人们是会把朋友，甚至不相熟的人邀请到自己家中来款待的，意大利人并不这样。于是他写了一个发生在好客的都柏林老姐妹家中一年一度的大聚会的故事。《死者》中写到人们聚会的那栋楼，是真实存在的，就矗立在河边，从楼上可以看到有谁进了院子，乔伊斯在这栋楼里待过，因此他能够把握物理意义上的准确。

你也可以训练你自己想象自己是他人，是完全不同的另一个人。比如，我在当记者时，曾长时间地观察法官，有一次，当我盯着一个有权有势的法官，忽然想到他也曾经是一个小婴儿的时候，忽然觉得很有意思。我把“他”带回到了我出生的那间屋子，我记得那间屋子的浴室照明开关在门外，我姐姐每次一进去，我就在外面把灯关掉。就这样我写起了小说。我是在西班牙的时候想写爱尔兰，回到爱尔兰好几年后又感觉到可以写巴塞罗那了。不同的地方留给你的印象独特而持久，气味、雨、噪声，甚至每个国家即将下雨前的征兆都不一样，只有生活在那里的人才懂得。

当你要写一部作品之前，你可以做很多关于它的梦，你就有很多借口来偷懒，当人们问你在做什么时，你可以回答说，我在想我的那本书呢。你可以做一些出离常规的事，比如坐地铁时在不经常下车的地方下车。在这种时刻，会有一个具体的句子来到你脑中，这就是你小说的开始了，你得抓住它，不必等到它变成更多的句子，而只需要让气氛酝酿得足够浓郁，你只管往下写。比如，有一次，一个句子忽然来到我脑中，“整个城市是一座空旷之地”，我就沿着这个句子写了下去。你不必知道后面如何发展，你只需要让它带着你去寻找。

当你开始写作后，你得每天制订一个目标，比如，回家后直到上床前必须写够三页，否则不能上床睡觉。你得控制你的时间和节奏，一边写一边不断地重读和修订，当然，如果你足够勤奋，也可以晚上写作，第二天早上起来重读，你总能读出一些怪怪的地方，修改它，继续下去，接着你会发现需要修改的地方越来越少，因为故事走上了正轨，有了它自己的生命力。

写作的节奏有时很快，有时也会慢下来，写得非常详细，你放心，读者不会被丰富的细节惹烦的。谈到细节，一些是硬细节，是为人物准备的；另一些是软细节，为了使读者感到时间的流逝，还有些细节，是为了填充时间。比如，《花园茶会》开始，搬花、送花的那些描写。

你不必写全ABCDE，你得写A、B、D，没有C，或者藏起C。留一些空白，留一些休止符。

故事的中间，要有一些变化发生，增加一些色彩。比如，我写《长冬》时，写到母亲已经失踪了，要到明年春天才有条件去寻找她。这时，我加入了一个人物，一个年轻人，要他们到家里做帮佣。

写作就像弦乐四重奏，开始的音符是由一种乐器演奏出来，慢慢地加入两把提琴，比如，《死者》中，舞会一边在进行，人物群像一边在铺开。在张弛与交织之间，其实作者也不知道接下来会发生什么，你不妨误导一下读者，扰乱一下他们的判断，也可以让读者休息，甚至使他们倦怠，放松了警惕，以为太平无事，然后你就可以猛地一下击中他们，给一个惊吓。小说的结尾是第四把小提琴。不圆满的小说才是好的小说，不要满足读者的期待，比如《长冬》的结尾，秃鹫盘旋之地的下面，并没有母亲的尸体。另外你可以看到，《死者》写到接近结尾的地方，男主人公已经相当接近于乔伊斯本人了，而你之前没有注意到的一部分会成为小说的主题。小说最后的声音是一种非尘世的、诗化的语言，是一种催眠术一样的语言。

小说有趣的地方在于，一段话，六句话，极端一点地说，上下每一句都可以彼此矛盾，但并不显得突兀。而这一切都发生在三秒钟的阅读里。比如，第一句：他感觉这个戏演砸了；第二句：他希望自己的感觉是错的；第三句：不，肯定砸了；第四句：尽管人们都在向他祝贺；第五句：或许这些人当中还是有人喜欢它的；第六句：但是他知道彻底完了，心里一片冰凉。——你感觉到了吗？

如果要我再提一些忠告的话。那就是，写小事情，不要写大事情。哪怕是托尔斯泰写《战争与和平》也是由小事情写到小事情，不要以为战争、革命这样的大事件得戏剧性地铺开来写，这不是好的写法。在宛若无事发生的气氛中发生了一件不对劲的小事情，一个非常偶然的小意外，就会使一切都发生改变。

人物一定要有多个特征，要我说，一个人要有五个特征才行。除了说点他的这个，还得说点他的那个。比如，他是一个好人，这不够，得写到，他是一个好人，但也是一个好斗的人。

勒克莱齐奥

勒克莱齐奥：我把自己比作一个鼓

获诺贝尔文学奖之后的首次中国之行

1

2009年冬日，我的相机依次记录着这个法国人从拘谨到放松的过程：第一天坐在北大秋林报告厅主席台上，视线凝固下垂，面容宛如雕刻般的严肃；第二天在法国文化中心接受访问时的轻松愉快，旁征博引之余偶尔小幽一默的才情；第四天，勒克莱齐奥来到中国社科院，侃侃而谈"我的读书、旅行和写作"之时，脸上的笑意已经如同临近圣诞节的彩灯一般闪闪发亮。

他说，是大觉寺的绍兴酒、老北京的胡同游、圆明园悲情的遐思和人群中时时令他眼前一亮的提问点燃了他的兴致。

当他的前辈作家玛格丽特·杜拉斯年过中年就已经因酗酒、抽烟和无节制的生活而拥有一副"备受岁月摧残"的苍老面容时，今年七十岁的勒克莱齐奥的外表看起来并无多少受到时间侵袭的痕迹。假使他与哈里森·福特、肖恩·康纳利等老牌男明星出现在同一个场合，还说不准哪一位风采更佳。

在半个世纪之前，一头金发、形象突出的勒克莱齐奥就已经是媒体的宠儿，那时他二十三岁，以惊世骇俗的《诉讼笔录》横空出世，出版商大惊小怪地让他尽快到世界文化的中心——巴黎。幸运的是，勒克莱齐奥没有被崭露头角的名声以及梦都的一切毁掉。“我的家族的血液中永远有着离开与冒险的冲动基因。”勒克莱齐奥说。巴黎成为他的起点，或者说过站，他真正的方向是儿时阅读无数本百科全书和游记时记住的那些奇妙的岛屿、沙漠和丛林。在《诉讼笔录》的序言中，他说“我越来越感觉现实并不存在”。

2

2008 年 1 月 28 日，在北京华侨饭店，人民文学出版社举行了 2006 年度“二十一世纪年度最佳外国小说”颁奖仪式，当时尚未获得诺贝尔文学奖的勒克莱齐奥亲往北京领奖，出现在人们面前的他穿着一身毫不含糊的西装，脚下一双“艳”惊全场的皮凉鞋——凉鞋里穿了袜子。

当时，面对大家善意的询问“你不冷吗？”，勒克莱齐奥解释说他刚从韩国飞来（他是梨花女子大学的客座教授），以为两地的气候差不多，所以没有变装。

一年后，同样在滴水成冰的隆冬天气里，出现在北京“傅雷翻译出版奖”颁奖台上的勒克莱齐奥又蹬着凉鞋现身，接待人员已见怪不怪，只是问他：“还是去年那一双吗？”

确实还是去年那一双。“有人曾问我，祖上是否贵族，因为贵族是不愿意受到束缚的，我笑着回答他说，不，先生，我祖上不是贵族而是农民。农民也是不愿意受到束缚的。何况我喜欢待在墨西哥、印第安这些地方，我确实最不愿意双脚受到束缚了。再说，去年穿凉鞋来北京也没觉得冷。”勒克莱齐奥不无得意地对我说。

勒克莱齐奥降生在法国港口城市尼斯。拥有法国与毛里求斯双重国籍，但经常宣称“我是毛里求斯人”。从人种血缘算起来，他是不折不扣的法国人，只是祖上的一支为逃避法国大革命时期的兵役，乘槎浮于海，迁居非洲岛国毛里求斯。

八岁时，母亲和兄弟带他去非洲的尼日利亚的一次长途旅行成为其一生的转折点。

在船上，男孩初次动笔，写了两个短篇小说，一篇叫《长长的旅行》，一篇叫《黑人奥拉迪》。写作可以打发长途旅行的无聊，还可以消解焦虑——他即将在旅途的尽头第一次见到父亲，一位四处旅行行医、终生说英语的法国医生。

在某地靠岸时，上来了一批非洲的男男女女，他们在船上出卖劳力以抵除搭载到下一个停靠地的费用。

男孩看到，这些人抡动着大钢锤，打磨船上的锈迹，看到阳光下他们黝黑皮肤上淌动的汗水。一些声音伴随着。他们如奴隶般卖着苦力时哼唱的歌谣，与叮叮当当、永无止歇的敲击声，与船舶马达的转动声混响在一起，“那声音既悲哀，又疲惫，我至今难忘”。

到达尼日利亚，他看到了同龄法国孩子看不到的画面：黑人被锁链拉着，去给白人修游泳池。父亲对这些代表白人当局的人表现出的厌恶和鄙视就此影响了他对这些事实的看法。从此他总在西方文明的边缘游走，有时更像一个刺客。

在经过尼日利亚两年多自由自在的生活后，勒克莱齐奥回到法国尼斯，变成了一个格格不入的人。他没有玩伴，所有在非洲学到的知识全都用不上，极端厌恶现代都市，终日沉迷在祖父的图书馆。

“我祖父有五个私人图书馆，其中三个放着文学与语言类书籍，包括雨果、拉马丁、夏多布里昂、卢梭等法国作家的书，也有拜伦、斯各特、萨雷斯、莎士比亚等英国作家的书；另有两个专放游记，那些都是法国和英国的大探险家在印度洋、大西洋、大洋洲和中国旅行的见闻记录。我当然也看了马可·波罗的游记，里面关于中国的记述对我来说就像神奇的童话。我从儿时起就梦想着像凡尔纳描述的八十天环游地球那样从欧洲的海峡抵达中国的天津。”

“说实在的，我一直到今天还觉得，虽然我幼年的那个时代已经在很久很久以前了，现在看来，当时的世界还处于追求异国情调的、古老的影像世界，但游记中的世界好像依然存在，和我们今天的时间同时存在着。"

身份来源多元的他从来没觉得自己属于任何一种文化，唯一他愿从属的是文学，"它比任何场所都让我更感到真实"。

或许正因为此，勒克莱齐奥很少像他的前辈学者加缪、萨特那样激进地参与到社会行动中去。他只用作品说话，写作既是他的方式，又是他的边界，是一种近似"条件反射"的状态。

访谈

2009 年 12 月 7 日下午和 12 月 9 日上午，我两次采访了勒克莱齐奥。

吴越：从《饥饿间奏曲》等近年著作中可以看到您目前对"家族史"题材的小说创作比较多。"家族史"写作是包括中国作家在内的全世界写作者的一股风潮，您怎么看待"家族史"写作的意义？

勒克莱齐奥：我确实在从事“家族史”的写作。“家族史”这个题材很有意思，但我并非刻意为之。一个作家的写作必然从自己的私人经历出发，从自己了解的事物出发，因为我与我的家族休戚相关，所以并不是我刻意要去写他们的传记，而是这个题材正好我了解，我愿意去探索而已。

吴越：一般认为，一位作家成功的标准包括确立一种稳定而鲜明的风格，而您显然不是这样。您创作了四十余部作品，在现代派和传统之间游走无间，创作体裁也是多种多样的，小说、散文、儿童文学、抒情小说，以至异域传说的整理、国外文学的译介……题材个个不同、风格跳跃多变，假设遮掉著者的名字，人们凭何来认出这就是您的作品呢?

勒克莱齐奥：这个问题非常有意思，它涉及作家的作品之间的一致性或者说一贯性的问题。我想这么回答你，早在二十世纪初的时候，伟大的法国小说家普鲁斯特曾经说过，他感觉到当时全世界来自各个角落的人都在写同一本书，一本风格统一的书。但他无法读到它，因为世界上不同的人们还在不断地写，构成了一本共同的书，仿佛有一种共同的东西输灌在这里。这个意象非常美。现在到了因特网的时代，有时我们会产生一种幻觉，好像在南美发生什么事，在欧洲或中国都会同时做出反应。在这过程中，我感觉有一种无法明确定义的东西，好像在形成一种一贯性，也在把全世界的写作变成一本共同的书。

我的作品肯定都是不一样的，但其中肯定有一贯的东西。究竟是什么，我也无法说出来，这是由人的思想中复杂而又细腻的部分来“构成”的。我愿意这样来回答您的问题。

吴越：您说过喜欢“玉米叶子在风中发出的声音”和“尚未经过硬化的马路”，在您的很多作品中反映了对与当代工业文明共存的弱小文明和他者文明的保护，您是否担心过，自己的作品会变成一种消费品，一种出于补偿或猎奇心理驱动下的购买和阅读，而您发出的警告并不会真正生效？

勒克莱齐奥：这是作家最担心的，但却无能为力。因为文学一直以来都是被人们工具化的，何况书籍在进入市场之后就成为消费品。对作家来说，较为理想的办法是保持一种超脱的态度，生活在自己的幻境之中。最好是设想自己的作品起到种子的作用，它会植根于读者的头脑中，也许有一天就会给他们带来一些变化。

瑞典作家斯蒂格·达格曼[1]曾说："作家和文学创作者是面向饥饿的人，但吃得饱饱的人才会读我们的书。"对此我深以为然。我非常想抵达自己理想中的读者，但似乎很难。你知道吗，一本书的价格在非洲、南美洲的很多地方能让一个人生活一个月，所以他不会去买书和读书。

是的，现在是网络时代了，有免费的书可以读。但你即使捐赠一台电脑给一位非洲人，他也多半没有电源。即使有电源，由于天气原因，这台电脑可能用不了多久也会坏掉。

对我来说，写作是一种内在需求，书是特殊的交流，在交流过程中，书带有一种近乎圣物崇拜的性质。法国人在无所事事的时候会去翻一下《追忆似水年华》，看看那一页上的主人公在干什么，然后再想想自己要干什么。文学通过叙述梦想和许多不同的故事，能够解除全球统一文化强加在人们心头的枷锁，实现跨文化的交流与和平。而我最大的心愿，就是看到世界和平。我把自己想做一个鼓，有事发生时，鼓就会感觉到振动，我要做的就是把我感受到的振动表达出来。

你可能会迷惑于我刚才言论中的逻辑不一致之

---

1 斯蒂格·达格曼（Stig Dagerman，1923–1954）。斯蒂格·达格曼学会于1996年起设立一年一度的斯蒂格·达格曼奖，勒克莱齐奥于2008年获得该奖。

处，我对作家流露出了某种悲观，是因为作家不再是寓言家，他在作品之外是无能为力的，他不能阻止战争，不能阻止屠杀和殖民。但是，我本人并不因此特别悲观，因为回顾我所生活的儿时的殖民惨状，看到现在的世界格局，变化是在往好的方面发展的，而很多书都在翻译与传播，大部分人都可以读到。

列维－斯特劳斯[1]为我们展示了美洲印第安人思想的丰富和深刻，从这方面来说这已经是个进步。因为从前的人类学家表现出的更多是冷静的分析，但列维－斯特劳斯已经采取了同情的态度。他对那些受到威胁的民族和脆弱的文明，明确表露出了自己的情感。

作为作家，我希望能追随列维－斯特劳斯先生，但我承认还达不到他的程度。目前我只能希望刚才说的那些种子轻轻飘荡在空中，有一天能够在人们的思想中，生根发芽。

吴越：能否说说，和当初那个游荡在尼斯的少年相比，经过这么多年了，真正发生在您内心的变化是什么？

1　克洛德·列维－斯特劳斯（Claude Levi-Strauss, 1908-2009），法国著名人类学家、哲学家，结构主义哲学创始人。二十世纪三十年代曾在巴西考察当地土著社会多年。

勒克莱齐奥：这是一个比较个人性的问题（笑），我想用一个比喻来回答您。我想把人的一生比作树的一生，因为两者之间有很多相似之处。树年轻的时候非常茁壮，非常强健，充满活力，旺盛生长，你假使把它砍了，它都还能再生。人在年轻的时候也是一样的，叛逆心很强，不容易屈服，并且总想发出大声的呐喊。但随着岁月的流逝，树皮慢慢起皱，树液变得干涸，虽然它更富有抵抗力了，但也更容易脆弱和折断。

个人的演变也循着树的道路，当我本人经过岁月洗礼之后，我的树干已经是重重折损，非常脆弱，比起年轻时代少了很多柔软，少了很多活力，这是人的自然演变的过程，也是年老的过程。在作家的群体之中，也因循这样的变化，但也有例外。比如英国作家王尔德曾经说过这样的话：如果你想回复青春，只要做一件事就对了，那就是犯年轻人才会犯的错误（笑）。

我刚才去了北京西郊的大觉寺，看到的景象再次印证了我的看法，就是树和人有着同样的命运。在大觉寺里有个古塔，塔的两边各有一棵树，有一棵树已经死去，但是人们把它用水泥砌起，使它还是矗立着，保持着树的姿态，就像一尊雕塑。人也是一样，死了之后，也会变得像雕塑，但人会尽量推迟自己死亡的时间。

吴越：您具有学习外语的才能，还做过文学翻译。听说您已经会说“龙井茶”这样的中文了？请谈谈您对中文的理解。

勒克莱齐奥：我知道的中文词并不太多，知道龙井茶是因为北京大学法文教授董强跟我说起他的家乡，那口古井下有一条龙游过来，因而净化了井水，并被称为龙井，我理解得对吗？（临时为我们担任翻译的董强教授笑了）

中文是单音节的语言，一个音是一个词，另一个音又是另一个词，而两个音却合成了第三个词。所以我每次都感到非常神奇。在西方人看来完全没有关联的字经过“偶然的邂逅”变成全新的词，这是中文最奇特的一面。

尽管在看待中文时，我并不是以语言学家的角度来分析的，但我能够注意和体会到中文背后深刻的诗意，我承认我并不是中文专家，但我每每对“偶然的邂逅”惊叹不已。所以我每到一个地方，或碰到一个中国人的姓名，我都会向身边的人请教，这个词是怎么来的。我就像孩子一样好奇，对中文词语的丰富感到惊奇。

吴越：您对中国现实的面貌有什么观感？您说过喜欢韩国的活力，那么中国呢？

勒克莱齐奥：首先要说，我是一个“临时路过中国”的人，并没有太多的发言权。我二十五年前来到中国的时候，印象最深刻的是传统中国与现代中国的并存。在当时的上海已经有很多大型工地，发生着许多变化，而中国北方农村的生产工具和十九世纪相比还没有太多变化。现在，我得说，中国的发展非常惊人，如同三级跳，并且在中国发生的现实是超前于人们的思量的，我有时感到万分惊叹，有时又会忧虑。

吴越：您虽然是一位法语作家，但您并未长久生活在法国。您和妻子在墨西哥中部一个村子里生活过十二年，又在美国南部新墨西哥州的沙漠地带生活过十二年，都是以教书为生……

勒克莱齐奥：我有点儿像游牧民，会在一个喜欢的地方待上很久。不同的是，真正的游牧民追随的是落在草原上的雨水，而我听从的是生活的召唤。有很多人舒舒服服地旅行，在同样的机场、同样的城市里穿梭来往，享受现代文明，很容易地了解他者；而我期待的是那种不知去往哪里、听天由命的航程，正如古老的欧洲水手当中流传的一句谚语：我们或者到达巴塞罗那，或者死亡。

辑四

他们只认我为“何伟”

在这个可能是虚构的世界上，非虚构能写什么？

必须写下我们

何伟

他们只认我为“何伟”

与彼得·海斯勒回顾他的中国写作

2017年2月，计划作为我的硕士毕业论文《当下语境中美国驻华记者非虚构写作新动向——以彼得·海斯勒等为例》中的一部分，我与身在埃及的彼得·海斯勒通过电子邮件进行访谈，以下为对话实录[1]。

吴越：Michael Mayer（迈克尔·麦尔）先生在*In Manchuria*（中译本《东北游记》）的后记致谢中这样写道：“彼得，给莫洛打个电话吧，我欠你的。”这句话是什么意思？

何伟：你能给我看英文原稿吗？很难从译文里说清楚，我现在不在家，手头没有那本书。我想他是指一个海明威的段子，“莫洛，给我来一杯威士忌苏打”这句话是从那个著名的短篇小说《弗兰西科·马康伯的短暂幸福生活》里来的。但我还是想

1　何伟的回复用英文书写，由笔者翻译成中文，并得到何伟的发表授权。

看看英文来确定一下。[1]

吴越：其实我还注意到，在你和麦尔先生各自作品的后记中，都提到过对方，我在访问麦尔先生时，他曾说你们会互相看对方的作品，也会提建议，但一般情况下并不采纳。而张彤禾女士的《打工女孩》的后记中提到了你，也提到了麦尔先生。我猜想是不是有一个写作的圈子存在于你们当中？能否透露这个圈子的特点，是否有某种共同的趣味或者写作目标？

何伟：没有一个特别和正式的作者圈子，但是有一个外国作者的群体，致力于中国题材的非虚构作品。一般会在北京碰头，分享各自的作品草稿。我认识麦尔是在认识张彤禾之前（这是当然的），那是在"和平队"的时候。他没有看过《江城》的草稿，但是读过我写的其他作品，关于我在"和平队"工作时期的。我帮忙编辑了他的两本书（《再会，老北京》和《东北游记》）。当然我也帮忙编辑了张彤禾的书，而她也帮忙审阅了《甲骨文》和《寻路中

1 对此，麦尔回信说，这句话确实是几个人之间的"黑话"，语出海明威的《乞力马扎罗山的雪》，麦尔说："我们经常用海明威小说里的句子开玩笑。"麦尔在后记中对何伟的这句"喊话"，大概是对后者提供的帮助表达感激之情，意译为"我们什么时候得喝一杯，我请客"。——作者注

国》（写《江城》时我们还未曾相识）。我想张彦也属于这个圈子。我帮忙看过他的书，他也帮忙看过《甲骨文》和《寻路中国》。我想他和麦尔大概没有交换过草稿看，尽管他们也是朋友。对了，我和麦尔还都看过了罗伯·施密茨（Rob Schmitz，中文名史明智）的《长乐路》。罗伯和我们都是"和平队"的队员。

我想我们共同的目标就是努力去写比传统新闻业要更有深度一点的书。我们的故事都建立在人物或地域的基础上，我们都会做比较深入的研究，然后用更创新和更有趣的方式写出来。

吴越：我找出了一些散见于你多部著作中的关于"和平队"的描述、解释，更不用说《江城》整个就是一个"和平队"队员融入中国内陆县城生活的故事。1996 年的"和平队"中似乎不止出了一位作家，除了我知道的你、麦尔先生，好像还有罗伯·施密茨，他写了上海的长乐路。还有谁吗？你怎么解读"和平队"成员走向专业写作这样一种趋势？

何伟："和平队"真的是有很长的一个写书的传统。一些比较为人所知的书有《Kalambayi 的鱼塘》，作者 Mike Tidwell，他是在非洲服务的；《白人》，作者 Tony D'Souza，是在非洲服务的；《等待的村庄》，作者 George Packer（乔治·帕克），也是在非洲服务的；《Nambonkaha 的九座山》，作者 Sarah Erdman。早些年的“和平队”当中，更为知名的还有《和平队的清贫生活》，是关于一位在厄瓜多尔的志愿者的，我忘了他的名字。

在“和平队”的经历一般来说都是很有趣，很丰富的，但是志愿者们在那个时候都比较年轻。所以这限制了“和平队”队员写的书的数量和质量。一般来说，他们会在生命中稍晚一点的时候开始写作。当我加入“和平队”的时候，已经二十七岁了，已经开始了专业化的写作，并准备要写一本书。所以我比队里的年轻队员在这方面的进展更多一些。罗伯和麦尔都比我年轻，他们的第一本书都不是专门写关于在“和平队”服务的那些岁月的。

在所有队员已经出版了的书当中，中国组队员所占的数量不同寻常地多。有不少中国组队员留下来继续专攻中国题材。

这突破了“和平队”的惯例。刚才我提到的那些作者，他们是在任期结束后写了关于当地的书，但是此后并没有留下来继续专注于这个国家。我想原因在于中国足够大，让人产生足够的兴趣留下来接着发展。如果你是在非洲，你不可能继续留在这个国家当一个通讯员什么的。比如说，George Packer

后来成了一名十分成功的记者，但他并没有驻扎在非洲。

麦尔是第二批来中国的“和平队”队员，我和罗伯是第三批。Craig Simons 也是我们这一组，他出版了一本关于中国环境问题的书，名叫《吞龙》，另一个队员名叫 Michael Levy，大概是晚于我们之后五或六年的样子，写了一本回忆之书，名叫《犹太食规中国行》。还有一个大约晚于我们之后三年的队员，名叫 Jake Hooker，他曾经是《纽约时报》驻华记者，他写的报道得到过普利策奖，现在他在新西兰教授写作。所以中国组里是有一个强大的写作传统，可能在过去的二十年里，在中国的队员们写的书是整个“和平队”所有地域项目里最多的。

很有趣的是，罗伯的太太，Lenora Chu，也完成了一本关于中国的书，而 Craig 的太太，Jen Lin-Liu，写了两本关于中国美食的书。这两位太太都是华裔美国人，恰如我的太太张彤禾一样。而这三位太太也都是写作者。我们在中国的“和平队”队员一共就十三个，目前为止已经写出了六本中国题材的书，如果算上太太们，那就是十本。

吴越：你从一个新闻门外汉到驻京记者，成为一个专业观察者与写作者，这个路径并不寻常。似乎与以往欧美主流媒体从本土派出已有职业资质的记者驻华的路径恰好是相逆的，并且你的报道从取材到视角都不同于以往的西方驻华新闻记者。就你所知，这个职业路径是一个仅有的特例，还是代表了报纸挑选驻华记者的一个策略性的趋势？

何伟：我想这对于麦尔、罗伯和我这三个“和平队”队员来说，有一点是很清楚的，那就是在和平队的那些岁月深刻地塑造了我们。那些经历非常深入又特别。在二十世纪九十年代的中期，中国内陆小城市里很少见到外国人。因为有两年的服务合约，所以我们得以打下很好的语言基础。又因为工资很少，所以我们生活得很平凡。周围几乎没有同类外国人，所以我们得和学生、同事和其他的当地人发展比较深入的联系。

还有一个十分重要的因素是，我们当时对中国毫无准备。在来中国之前，罗伯、麦尔和我都没学过中文，也没涉及过中国历史与政治。我想我们在大学里都没有修过关于中国的课程。所以我们不带成见。我们随遇而安。和其他在华外国人比起来，我们被条条框框影响的程度更低。对于一个正在经历巨大变化的国度来说，我们这种空白的状态反而很有帮助。中国正在变得和从前很不一样，我们以开放的心态去接受着。

正是由于职业路径的不同，我们全都看到了自己与其他新闻记者的区别。我们的本科里没有学过中文，我们的第一份工作也不是记者。我们不按常理出牌，不走寻常路。麦尔和我原本都准备在大学里当老师，我学习的是虚构和创意写作。这些都使我们和他们不一样。

对我个人来说，事业的发展是很自然的，就像是我的经历和材料的一种召唤。我原本是想成为一位小说家，一个教授英语文学的教师。但是在涪陵生活过之后，我意识到这是一个可以被描写的地方。这是任何一个外国人都不曾听说过的地方，但我相信它很重要。中国内陆居民的生活应该被世界了解。这就是我动笔的原因。在写了《江城》之后，我决定要在一个时期内全身心地投入到中国题材的写作中去。当我是一个大学生的时候，我从没对中国有过什么念头，也绝不会想到我会在中国成为一名作家。完全是现实牵引了这一切。

吴越：你在《与审查者同行》中提到了来自西方新闻界的苛责和非难。似乎有一些人不满于你作品对中国的“美化”和“妥协”。这种声音如今还存在吗？它们会影响到你的事业和生活吗？你如何对待批评？

何伟：在我作为写作者的初阶，我和外国驻华记者的关系还是有点纠结的。一方面，我在北京的时候和很多记者都走得挺近，当我在《华尔街日报》干活的时候，我与张彦、Matt Forney 的关系都特别好。我和张彤禾结婚的时候，她也在《华尔街日报》当记者（她的驻地原本在上海，后来换到北京）。我还有挺多在驻华新闻媒体工作的朋友。

和他们交往对我自身的发展起到了很重要的作用，我学到了很多，特别是从张彦和 Matt 身上。在涪陵，我对于许多中国人生活的了解颇为深入，但我对于正式的访谈和研究方法不怎么在行，跟着张彦和 Matt，让我受益良多。我和张彦的关系更为亲近，他在一些采访中带上了我。这让我懂得如何找中国题材的新闻选题，以及怎么去做一场正式的访谈。

与此同时，对于新闻记者来说，我的路径是这么的非正统，我的题目又是这么的不典型。我不喜欢太强的政治性，有时被其他记者认为我这个人对中国太“温和”。有时他们也对我写作中的个人色彩表示不适。

新闻业的传统是十分顽固的。记者们多半坚信你必须将你的个人生活与你的工作严格区分开。比如说，一些驻京记者认为我不应该写我教过的学生，那是在“利用”他们，他们还认为，当我帮助魏子淇一家解决了就医问题并成为朋友之后，对我来说写他们就是“怪怪的”。但我的想法是，我与每个写作对象的特定关系都是与众不同的。有时我和他们的关系亲密一些，比如和我的学生，和魏子淇一家，另一些时候这种关系疏离一些，比如在丽水，和那些工厂里的人们。每种方式都是行得通的，重要的是让读者知道这种关系，它不应该被隐瞒。我经常在写作中明示，我会解释我和他们是不是有私交，关系深切到哪种程度。

一开始，一些老资格的驻华记者对我不太待见。他们偶尔批评我，我并不买账。这样过了些年，我开始减少和驻华记者群体的交往。我不去参加记者聚会，因为我常常感到那是多余的，有点不舒服。我在那时候已经有了像张彦、Matt、张彤禾等好朋友，而对于另一些人的反应我保持些微的警惕。

随着时间推移，改变发生了。当我是个年轻记者的时候，一些老家伙也许视我为威胁，或者他们认为我无视新闻业的传统。但是现在我也变老了一点，写了一些书，不仅关于中国，还有关于埃及和美国的。所以也许我已经证明了人们喜欢我的作品。我不认为过去有过类似的动力。

同时，我想新闻记者们最不赞同的是我在中国大陆出版经过审查的三本书这件事。新闻业在这一点上非常苛刻。但我那时不仅是一个驻华记者，我还是一个老师。对于年轻人如何获得信息，如何应对那个由报道和素材构成的不完美的世界，我有着很深的体验。这是我在涪陵获得的一个很大的收获——我教的是有缺陷的课本，尽管如此，我还是能够和学生们建立起关联，我看到他们从这样的课本中也能有所学得。这促动我下决心在中国出版我的书。我盼望《江城》和其他的书都能被妥帖地译成中文，我意识到这不太可能，但我相信即便是在被审查过的译文中，也有其价值存焉。

在我看来，这些书能出版总比没有好，至少增加了读者的信息量。但我也意识到，另有人持不同意见。这不仅仅是一种政治性的决定，也是一种个人的决定。我从我的经验出发做出我的选择，你也可以立足于你的经验，做出你的选择。

吴越：重读《江城》时，我不断地感觉到它的气息、节奏和叙述风格，委实是一部真正的小说（我确实想起了赛珍珠）。其主题，也就是叙事的动力来源，是一个美国人带着自己的写作愿望，生活在中国小地方的压力、自我认识、融入、改变和告别等诸多戏剧元素。它的魅力固然在于所用的素材（我相信）几乎全部是真实的，人物都是有名有姓真实存在的，事情也都是确实发生过的，但真正的动人之处还是在于它是一部进入文学范畴的优秀的叙述作品。在这其中，我发现你两次提到了自己的某种“分裂”，一个是“何伟”，一个是“海斯勒”，前者笨拙，乐于自称“洋鬼子”，后者敏感精密，带着所有精英教育的训练，记录着“何伟”看到想到的一切；第二次注意到是你写到自己和梅尔惠（亚当）的“中文人格”。联想到你收入《奇石》的《去西部》那篇文章中，接电话和长跑第一名的都是被你戏拟为“彼得·张”的人。而你本人介入颇深的写作风格，让我多多少少想起中国十八至二十世纪初，赴华传教士们寄回国的那些书信。在这个意义上，我感觉到“中国故事”讲述方式的一种回归。

你对我的这些观点怎么看?

何伟：我不是理论家，所以我对于“东方主义”和类似的东西总是有点警惕的。有时这些想法可能会使情况变得过于复杂，或者过于过分地将作者和他的人物分类。但是很明显，这个理论也有它一定的道理，我可以谈论一下为什么我在《江城》里用了“何伟”这个名字。

对我来说，一部分原因是，两年时间里我奇妙地被改变的这个事实，当我在准备写这本书的时候，我意识到不应该使用寻常的法子。一般西方观察者是一个被设置好的瞭望点——他或她是不会改变的。他或她是一个稳定的框架，不稳定的是中国的情况，或者中国人的情况——这些都是模糊的，易变化的，西方人则占据上风，观察和评论着这一切。

我的处境是有意思的，不一样的。当然，我的身边充斥着变化，因为二十世纪九十年代中期是一个翻腾的阶段。与此同时，我的自身也在经历变革。我学习着一种新的语言，并且学着去尊敬和欣赏中国式的观点。一个很好的例子是，我和我中文老师的关系。最初我们经常争论，但是一段时间后我们都学会了尊敬对方，尊敬我们之间的不同和那些我们达成共识的东西。我们都被对方改变了。

我想传达这个过程，我想能够更准确地描述这一切的应该是“何伟”。这不是简单的障眼法，而是确确实实的，“何伟”成为在涪陵的我的很大的一个组成部分。除了极少数说英文的人，大部分在那儿的人只认我为“何伟”。所以探索这个角色是适当的。

还有一个要点：不要低估了地域的重要性。我们会被西方和亚洲、美国和中国这样的大问题搞得心烦意乱，但涪陵并不是完整的中国，涪陵就是涪陵。这个地方是独特的，比你在中国其他地方感受到的不同还要不同。我作为局外人的过程就是和这个独一无二的小城市结缘，和这片独一无二的景观结缘，和这群独一无二的人结缘。在某种意义上我不觉得这是“中国”层面的事，涪陵是一个单独、个体的地方，而我也不是一个被概括成美国人的人，我是一个单独、个体的人。

吴越：我阅读了少量的你书写埃及的长篇特写作品的中译版，我有这样一种感觉：似乎你在埃及迅速卷入了猛烈的、迅速的、重大的新闻现场，而相比之下，你在中国的非虚构作品更加多元、丰富、广阔和悠闲。具体一点说，比如，描写三峡江水上涌的作品，或是奥运前夕的作品，仍然保持着从容的节奏、灵活的写作技巧和丰富的幽默感，而广场上的清真寺，显而易见地更加危险急迫和焦虑，有战地新闻的感觉。我不知道这种感觉是否符合实情。

何伟：出版模式是不同的。在中国，我先开始写《江城》这本书，再开始写短文章。在埃及，读者只能看到我给《纽约客》写的稿件，关于埃及的书，我还在写。还得考虑到，埃及正值动荡期，我给杂志写的文章必然比较政治性，呈现这段时间里的严重骚乱。但这并不是我在埃及工作的全部，你得等我的书出版后才能看到全貌。

当然，现在这个时机也显得不同。当我在中国时，人们的日常生活在发生革命性的变化，但是国家的政治生活是稳定的。而在埃及，政治正在发生变革，但每个人的生活没太大变化。没有巨大的社会变化就会有动乱，我想要谈清楚这些事情，光凭一篇文章肯定不够，得写一本书才行。正如我在杂志上写的中国并不代表我全部的工作，非得写几本书才够圆满。

吴越：你是否意识到中国的非虚构写作因你而发生或者改变？曾有人告诉过你吗，自2012年《江城》和《寻路中国》出版之后至今，中国的新闻特稿写作、非虚构作品的发表与出版都产生了巨大发展，"译文纪实"系列推出，国家级和省级文学刊物大部分设立了"非虚构"栏目，一批"正午""网易人间""谷雨计划""中国三明治"等非虚构写作平台活跃于网站和手机微信……你认为，中国新闻与文学写作者对你的致敬和效仿将如何导向较好的结果？

何伟：过奖了。我希望我的书可以帮助启发人们去思考写作和选题。与此同时，你得看清楚，很多因素在推动着非虚构写作在中国的兴起。最主要的因素实际上并不是我的书，而是这二十年来中国正在经历着经济和教育的纷繁变化，这个令人筋疲力尽的进程对于大多数人来说是难以看透的。人们辛劳工作了二十年，不断努力去配合大局，他们不可能对所有发生了的变化有太多工夫去琢磨。现在他们的境况不一样了，能够去反思了。所以非虚构写作的一种新的价值被发现了，那就是仔细地描刻这个社会。

也有经济的原因。今天的中国社会，整体文学素养提高了，文化活动比以往要频繁得多。写作迎来了一个广阔的市场。当然，这个市场还不尽成熟，但它在发展、推动着潮流。新闻未及之处，或许是非虚构文学将至之所。它不是一时风向下的产物，它的间接性使得写作者更能拓展创造性和深度，它的多元和广泛更能够赢得读者。

李黎近影

在这个可能是虚构的世界上，非虚构能写什么？

最近十来年，科技在日常生活当中的无边界运用，让人越来越有一种感受——似乎很多事情是被设计、虚构出来的。与此同时，非虚构文本大行其道。两者之间隐约有一种关联——潜意识里渴望对真实的把握促成了对非虚构文本的普遍迷恋。而作为一种文体，非虚构其实存在很多的不确定性，例如，它的核心或者是边界在哪里？关于这样的最基本的概作记和要素，一直存在争议。出版人李黎与《收获》文学杂志编辑吴越，就非虚构展开对谈。——李黎[1]

李黎：几年前一位著名的朋友去世，一个著名的非虚构写作平台的记者采访了半个月，和很多人一聊一个下午。文章出来后少数人反应激烈，因为多处基本事实错了。记者朋友非常委屈，她说自己没有一个字的发挥。可能是叙述者说错了，这或许

1　李黎（1980— ），南京人。诗人、作家，江苏文艺出版社资深编辑，主持《现代快报》人物访谈专栏“读品周刊”。曾获第四届红岩文学奖、扬子江年度青年诗人奖等。这篇访谈发表于该专栏 2021 年 1 月 24 日。

可以用“事实调查”来纠正，但更多的人会有顽固的记忆偏差，更有主观倾向。那次之后我一直觉得非虚构始终存在技术上的困难，同时，鉴于这个宇宙里的一切都会烟消云散，致力于还原、呈现和保存事实真相的非虚构好像也显得很虚无。虚虚实实，非虚构好像都很难。

吴越：我每晚睡前去阳台上开烘干机，会往夜空中看一眼。寒夜里的星有的呈静止的钢蓝色，有的肉眼可见地狂闪着妖冶的绿光。我不由得就会感到对不起它们。“当我们的眼睛看到这颗星星时，它可能已经熄灭了，我们看到的是它亿万光年前发出的光”——自从若干年前我们的青春文学聪明地发明、贡献和转手了这样的句子后，“这个宇宙里的一切都会烟消云散”似乎成为注销一切意义的正当理由。当然，上述星星的光和宇宙的死，都没毛病。但关于宇宙的知识不应该再给过了青春期的人类以困扰了。

我想说的是，我们应该站在人类的尺度而不是更杳渺的高点上，享受可证的过去、川流不息的当下、近迫的未来以及一切可能的边际。一朵花的萌发到凋败，假如是一个星期，那么这朵花对于能活一百年的树来说，或可称为无足轻重，其意义略等于零，可是对于生命长度平均为三十天的工蜂来说，这朵花就是真实存在的盛宴和充满意义的宫殿。当我们在说“一切终将烟消云散”的时候，我们恐怕是置身于比宇宙生命更长久的某处在观看，如同一棵树在聪明地观看花的宿命，但实际上我们除了确实聪明之外，每个个体是如工蜂或者比工蜂还要短暂的时间占有体啊。

因此我站在我们家的烘干机旁边向天空中的星星们道歉——年轻的时候我面对美丽的星光，想着的是它们可能已经熄灭，殊不知星光到达我们每个人眼中，是它生命历程中的一程。我甚至觉得，既然我们尚不能发现比宇宙更恒久的存在（宗教信仰先不论），也还没有发现外星文明这样的他者视角，那么我们这个唯一的生灵视角还是与宇宙同生共死吧。我们面对着宇宙，调整着对世界的认知，宇宙也在面对着我们，为灵性所内化。

这意味着我们没必要遵从线性时间的逻辑来裁定一个天体的生或死，而是只有最后一缕星光到达最后一个人类的眼帘之后，这个天体才算真正死亡了。这听起来是不是很熟悉？电影《寻梦环游记》不正是诉说了这一点吗？一个人的死亡有两次，一次是肉体上消亡，一次是在人们的记忆中消亡，后者才是真正的死亡，真正的烟消云散。

非虚构所做的事情恰与上述生死攸关。也可以说是起死回生。“烟消云散”之后，还被旁人或后人所念及。往事与死者，公案与秘辛，经由发掘、还原、重现，返场人间，“月落重生灯再红”。大到历史考古、学术考据，小到微博、知乎、论坛相册，都是非虚构——只是不一定是非虚构文学。

现在回应一下你开头提到的非虚构的技术性困难。你提到的例子似在“口述史”范畴内，口述史的偏差一向是比较大的，采访者如果完全是局外人，则很容易被牵着走，那就只能是让受访者承担全部责任——“有此一说”嘛。但也有别的可能性，比如提问的内在逻辑和问题排列是精心设计的，导致了回答呈现出某种偏差，这就像一种催眠。因不了解实情，在此不妄加议论。总之，我们只有承认“非虚构”不是、不可能是事实本身，而是对事实的某些认知的一类写法，才能心平气和地讨论技术——关于认知的技术和关于写作的技术。

李黎：“虚构的世界”这个问题你基本已经解惑了，既有思辨也让人特别安慰，我们回到非虚构具体问题上。每到年底年初，有很多总结性的图书榜，仔细看会发现，小说诗歌之外几乎都被冠以“非虚构”之名，有的甚至是非典型的报告文学文本，或者宏大叙事的主题出版。我觉得这是“非虚构的”而不是“非虚构”。关键是为什么会这样，（对于）“非虚构”到底有什么误区或者概念上的特殊性，被普遍理解成虚构之外的文本而大量使用，甚至一些典型的散文也非要自称“非虚构”？而冠以“非虚构”之名除了显然的时尚之外，是不是也存在一些隐含的目标期待？

吴越：你相当敏锐地指出了“非虚构”这个名目下隐含的目标期待。换成大白话来说，你问的是，为什么某些体类我们会在心里犯嘀咕，觉得它们不是“非虚构”，而某些具体的作品似乎在文体上合格了，但读起来不够“非虚构”。

我所供职的《收获》文学杂志社从2017年起在“收获文学榜单”中增设“长篇非虚构榜”，我也是借着这个机会每年集中读一批国内原创长篇非虚构。你所提到的“非虚构之辨”，几乎每年这个时候都在我手头爆发一次。一般我会做一个兼容并蓄的初选名单，包含了“非虚构的”各个种类的优秀之作。有一次，我选入了一本对话录，有评委私下发信给我说这种体裁不是“非虚构”，哪怕谈话内容中的“非虚构含量”很高。不过，对于文化散文和历史随笔，评委们也会毫不留情地剔出来，哪怕是文坛名家的作品。理由也很简单：个体发散性较强的文化哲思和几近不可实考的较远的历史，都无法“非虚构”。

通过摘除“不是什么”，“是什么”渐次显露。

简单来说，我认为称得上“非虚构”的写作有三个显性特征。第一是新闻性。非虚构毕竟是沿袭着“新新闻主义”于二十世纪六十年代在欧美兴起而演进至今的一个门类，它身上流淌着新闻专业主义的血液，含有理想主义者的气质，天生地敏感于历史、文明、时代、族群、身份、环境、幻象、抉择、公共事件等“大词”下的人类命运。第二是个体性，正如刚才所说，它脱胎自新闻特写，但新闻特写是职务行为，建立在记者所服务新闻机构的政治立场和风格特征之上，而非虚构是个人的作品，是个体的劳动，作者本人负有全责，这会让作者更加自由，同时也要求作者投入在采访和写作上的心力和时间远远高于一般新闻写作。第三是文学性。文学性我们提得比较多了，一般都认同，非虚构是横跨在纪实性作品和文学性作品之间的一种存在，它必须至少有极为突出的一部分深嵌进文学范畴，才能被称为“非虚构文学”，这里隐含的意思是，进入了一个更高阶的圈层。但文学性究竟是什么呢？不仅是体量更大、语句更动人或者结构更合理这些显而易见的东西，还应该是它的内部更有创新性——要么是从未有人写过的题材，要么是从未有人这样去写过的一个题材——发现没有，这和我们判断一个小说的好坏共享了同样的标准。只有在这个时候，非虚构才算是真的“文学”了。

李黎：在某个场合听到这样说法，当年一批文学中人，包括评论家和作家，对虚构感到失望，具体说是对当下的小说感到失望，进而转为非虚构。这个让人觉得特别不合理，对虚构不满可以批评和强化，另起炉灶的这个理由太狭隘了，另外我也想象不出来什么人会对“虚构”这么重要的概念表示不满。

吴越：我们用于工作的生命时长太短，其实没有资格感到失望的，或者说来不及失望，每时每刻拼命涌来的应该是绝望吧？绝望自己才华不够、勤奋不够、努力不够，无法来把一件件简单的小事做好。

关于另起炉灶，我不敢乐观。虚构和非虚构可以是“好基友”，比如虚构可以给某些穷于表达的非虚构很多新的技术手段，而非虚构则可以给某些匮乏生活的虚构以逻辑和经验的支持，但它们分属两套方法论，可交流的部分是冰山上一小角。所以虚构和非虚构两两相望、互相阐发、偶尔交集，是很美好的状态，也不要太妄议谁比谁强。

李黎：我自己从2000年开始上网，也单纯为了混论坛而写东西，回想起来当时的网络确实有一种现实投影的感觉，除了明显的“网络体”之外，传统意义上的文本在早期网络上更为吃香。当时完全没有“非虚构”的概念、意识和人群。到2010年之后，随着网络由一件事变成一种状态，再变成基本状态，“全民写作”概念出现，非虚构也“随之”火热起来，为人熟知。这或许有一定的道理，毕竟大部分人不太容易进入一些具体文体的新作，非虚构似乎给予巨大的鼓励和支持。但又觉得两者之间不能等同，之所以在“随之”上加引号，是想听听你对这个过程的了解和看法。

吴越：我现在回想起来，是网络的青春期撞上了一代人的青春期，造就了“全民写作”概念的推广。网络的青春期指的是技术上能够有便捷的交互平台，有友好的写作界面，有一群“斑竹”起早贪黑不拿一分钱推话题、加精——虚拟的权力是唯一的回报，还有正处于黄金时期的都市报大军昼夜潜伏挖料。一代人的青春期则是拉长了的一代人、被网络拉平了的一代人，从六〇后到八〇后的“触网”者，在他们正式成为熟练的“网民”之前，有那么一段时间，愿意把情感、记忆、隐私、禁忌都拿出来，在键盘和屏幕之间跳动的是灵魂的起舞。无论是曾引起过轰动的世间狗血，还是网络空间里无数的秒删或“仅自己可见”，都化为春泥滋润了数码世界的大地。

在这个已经被商业运营高度支配的空间中，

万千普通人以他们笨拙的、不着边际的、过眼云烟的讲述，留下了一支纯真的传统——在某些状况下，我们仍能够际遇真实的心灵和故事。

李黎：你说“非虚构”不是、不可能是事实本身，而是对事实的某些认知的一类写法。这个很有启发。那么在这个写法里，有哪些必不可少的元素？或者叫“关键词”。“非虚构文学”，可以值得期待的是哪些？

吴越：刚才我提到了“创新性”，基于大量的已知事实之上，当有新的观察站位和表达手法。如果再加一个元素，那就是“日常性”。再宏大的题目，再尖锐的问题，再独家的秘闻，没有优秀的“日常性”托着，都不会有文学的光泽。解释一下“日常性”。一是通晓常识，包含不同行业和门类运转的关窍，包含对人性的深刻了解，包含时间、物质与人产生变化反应的诸多逻辑。非虚构也好，虚构也好，写作之所以发生，题材之所以成立，大多是世间某些已经被证实的逻辑机制在运行时发生了意外，假使作者对日常性不够了解，是没办法抓住问题的核心的。二是关心日常，关心风土人情，关心变化发生前后的生活，关心吃什么喝什么如何活着，这种由“关心”而搜罗到的细节并不仅仅是增添可读性，而可能会像一把钥匙，直观地抵达事实的中心。好的非虚构文学给读者的收获是：我们所处的浩瀚的日常，又增加了不易察觉的一小点。

李黎：作为资深的非虚构作者、编辑，能不能给我们推荐一些可能是被忽略的作者和作品？

吴越：好几年前，我在《天津文学》上偶尔翻到一篇以德国黑森林为记叙对象的散文，作者名字是郭爽，我立刻去认识了她。我当时有两个感受，一是写得真好啊，二是作者的语言和把控叙述的气息足以写小说。相关文字后来结集出版为《我愿意学习发抖》，我觉得这本书似乎有点让评论界不好定义，它以考察格林童话在德国当代民间的影响为线索，深入到数个德国普通家庭的生活，我想大概是故事文学与普通人的命运互文得如此真实又如此恰到好处的美妙，才导致评论家们失语？郭爽后来在虚构类写作中表现耀目，或多或少掩盖了她是一个极其出色的非虚构写作者的光芒。

另一位值得注意的写作者是日籍华语作者吉井忍。几年前的上海书展，有一位很有礼貌的女性前来打听袁敏老师在《收获》上连载的“兴隆公社”系列如何购齐，我请她在纸上留下姓名，看到“吉井忍”三个字，我忍不住问她是不是那个写《四季便当》的吉井忍，对方羞赧地点头。去年，我在《读库》上读到《“中国残留邦人”采访录》，看到她抽丝剥茧地写“中国残留邦人”（日本官方对于被遗留在中国、后回到日本生活的战争遗孤的称呼）如何生存，如何立足，如何在身份认同中沉浮，如何看待自己这个族群的命运……宏富而有当，堪为华语非虚构写作的典范。

另外，我特别愿意把美国作家赫尔曼·沃克的《战争风云》《战争与回忆》当成非虚构而不是小说来看。

郭爽、李梓新

必须写下我们

郭爽、李梓新、吴越三人谈

时间：2018 年 11 月 24 日

地点：上海 作家书店

主题：郭爽《正午时踏进光焰》新书分享会

吴越：我和郭爽、李梓新其实都有一个共同的身份，我们曾经都在传统纸质媒体工作多年，虽然现在可能从事的职业稍稍与之前有些不同，但也有着千丝万缕的联系。所以今天我们就在这个基础上聊一聊。

郭爽：刚才吴越已经简单介绍了我们，我是这本书的作者，《正午时踏进光焰》是我的第一本小说集。今天非常高兴请到了两个对我来说很重要的朋友，吴越其实曾经是“新概念”出来的作家，我虽然是同龄人，但是吴越可以说是最早接触到文学的。她曾经在《文汇报》做到首席记者，多年之后又选择回到纯文学杂志，我觉得吴越身上代表着这个时代阅读和写作的一些个人选择和趋势。就是大潮流是什么？以及个人要做的事情是什么？

我跟李梓新认识的过程非常有意思，我的好友，也是我曾经在《南方都市报》的同事，跟李梓新是人大新闻系同宿舍的室友。在我们读书的时候，每个省只有文科状元才能考上人大新闻系的，全省只有一个。他就是曾经最光耀的一批媒体人中的一员，后来他又光荣转型，创办了“三明治”，我觉得“三明治”是国内非常重要的非虚构平台之一。不知道今天有没有从“三明治”来的朋友，我在那边开过两次课，接触到了很多想要写作或者是有兴趣写作的普通人，都是素人，他们写的东西让我很有启发。中国现在有越来越多的人喜欢上写作，或者是想要更多地了解文学。李梓新做的事情让我很佩服。

关于我自己，我想以一个小段子来开头。多年前，我见到台湾作家朱学恒，他是一位跨界人士，不是那么纯文学的作家，他是《魔戒》在华语地区最早的翻译。他跟我讲，他多年前出第一本书的时候，去一个大卖场做宣传，没有人知道朱学恒是谁，他就站在卖场里面，拿着麦克风说他的书，同时商场的大广播里在讲“某某小弟弟，你妈妈在呼唤你，你不要走失了，快来到 ×× 找妈妈”。

今天就让我想起这件事，现在一个年轻作家要出道，尤其是写一本小说，还是很艰难的。要选择写作或者是做传统出版这条路，不是那么容易。今天我们就希望可以从我们三人各自身份上，给大家带来一些也许是启发，也许是思考，还有一些经验。我们是怎么走到这里的，前面可能会有什么，我们经历了什么。谢谢大家的到来。

李梓新：今天很高兴来到作家书店。我对外很少跟别人说我是作家，我觉得自己还没配上这个身份，虽然出了几本书，但没有非常纯文学性质的。我原来做记者，后来一直在做非虚构文学，我现在探索最多的领域还是在非虚构。

大家可以看到，近两年来在文艺电影或者是文学上，非虚构的元素，存在越来越多了，比如《我不是药神》等电影。包括今天的主题“必须写下我们”，我觉得很有时代性或者是非虚构性的，“必须写下我们”是一种时代的感召和呼唤。郭爽送给我的书里的题词也是如此，她说“在时代的声嚣里，我们呼喊，我们沉默。我们必须写下我们”。这几个字，在我看来，分量是很重的。我们今天会讨论到的内容很多元，青年作家的生存状态，媒体人的转型，写作者的文本，虚构非虚构的变化，等等。

吴越：梓新说的话里，隐含有一个“鄙视链”，虚构是最高大上的，然后非虚构……

李梓新：很多人这样认为。

吴越：所以我们可以敞开聊一下。

李梓新：在传统文学领域，是有这样的“鄙视链”，比如说诺贝尔文学奖一百年之后才给了第一位写非虚构的作家。我过去在《外滩画报》采访过两届诺贝尔文学奖的现场，2011 年和 2012 年。一次是托马斯·特兰斯特勒默 (Tomas Tranströmer, 1931—2015) 获奖，瑞典诗人，我当时去了他家采访，他那时候已经中风，他说的话只有他的太太能懂，但是当时还是一笔一划在我带的一本诗集上签了名。第二次就是莫言，当时的场面很瞩目，新媒体起来、旧媒体还在，我被报社派去，一个人背着相机，要在微博直播，还要做采访，有三头六臂的感觉，我到今天还记得。

这个说得有点儿远，就是想说诺贝尔文学奖确实这么多年来才第一次颁给一个非虚构写作的作家。还有就是在传统的文学杂志，我不知道现在《收获》有没有开设非虚构的专栏，传统文学杂志是不多的——

吴越：《收获》有的。相当长一段时间其性质是“文化地理”“文化散文”类，例如最早的余秋雨的

《文化苦旅》以至而后马原、贾平凹、陈福民等作家学者开设的专栏；另一类是作家亲历记，包含历史与文化的纪实类意味，如冯骥才的回忆录、抢救文化遗产纪实、袁敏的乡村教师采访笔记等。最近我们通过做“收获文学榜”的非虚构榜，加强了与当今非虚构专业作者的联系。

李梓新：以往的报告文学、纪实文学跟今天的非虚构的概念，没有完全地对接起来，以至于今天非虚构的概念很多人还不知道。“三明治”在做的事情，我们说是“非虚构”，但是跟普通人说的时候是说“生活写作”，就是把生活原原本本的用文学的一些方法记录下来，这其实已经是很伟大的事情了。

我自己内心不认为非虚构比虚构的地位低，普通人的故事，本身就是特别有意义的。郭爽的书里，也都是关于普通人的故事，就像这两天在上映的电影《无名之辈》，就是普通人的一种时代缩影。我期待这两种文学形式，不管是虚构还是非虚构，这些关于普通人生活的叙述都很有意义。所以我期待不管是哪种文学形式，都能够更多地关注普通人的生活。

吴越：郭爽在这本书的后记中，说到其实你想写这个时代的“活着的、肮脏的人”。你从中文系到记者媒体人，这些年来，你是怎么生长出这种写作的愿望的呢？我个人觉得无论是虚构还是非虚构，都是面对事实的不同侧写方式，互相也有借鉴。写得好的特稿很多都借助了文学的方法，写得好的文学作品也是借助了非虚构的一些描绘方式。你可以说一下自己创作的心路历程吗？

郭爽：我先说一个自己的感觉。这些年，何伟的书在中国引起了影响后，开始让非虚构真正作为一种值得重视的文体和现象被讨论、被阅读、被关注。这个挺有意思的，由一个美国记者书写的中国人的故事，让中国人好像第一次发现了我们的生活是怎样的，这本身就是很有意思的现象。在何伟之后，国内开始发掘非虚构的故事和写作的人。我觉得非虚构的故事比我读到的一些小说更精彩，因为它非常真实。尤其是我最近在“三明治”上看到的一系列故事，对于个体生命的思考和特殊群体的细腻描写，是我在大量的小说中读不到的。

这使我产生疑问：为什么现在的小说不好看？或者说为什么不能让我们有强烈的共鸣感？我想起前两天在广州参加的中欧文学节，一些来自欧洲的作家跟中国的作家对谈，台下有一个读者提问：“台上的作家们，你们谈一下自己是怎么成为一个作家的？请问你们会不会去听普通人的故事？写普通人的故事？还是你们就坐在房间里写？”

我觉得这对每一个作家来说，都是一个很直接也很残酷的问题。写作永远不是一件容易的事情，当写作成为一种惯性，作家关在房间里写出来的文字，真的能拥有分量吗？我有些怀疑。作家想去关注普通人的生活和故事，故事从哪里来？或者说经验从哪里来？我觉得大量的非虚构作品就给作家提供了一种可能性。

其实在我从媒体工作转型到写作的最开始，是写非虚构的，但不是说我想先写非虚构，然后完成我的小说写作，而是我之前的职业积累，让我有写非虚构的能力。长期做记者和编辑使我具备了最快、最短判断素材有效性的能力，我能够把一个真实的故事简洁有力地写出来，这个是我最开始写非虚构的原因。还有一点，我最开始关于德国的写作，为什么那个题材会写成非虚构呢？我记得奈保尔[1]讲过，“当你在一个陌生的国度或者文明的时候，你要么写童话，要么写非虚构”。为什么呢？就是你对他们生活的了解是有限的，在有限面前，最基本的写作方法就是尊重有限，尊重事实。因为你了解得不

1　奈保尔（Vidiadhar Surajprasad Naipaul，1932—2018），英国印度裔作家。主要作品有《通灵的按摩师》《重访加勒比》《非洲的假面具》等，曾获布克奖、毛姆奖、诺贝尔文学奖等多个奖项，与石黑一雄、拉什迪并称“英国文坛移民三雄”。

够深，你对别人的土地和生活完全没有扎得那么深，你怎么敢去想象呢？你怎么知道一个德国家庭他们内部私密细腻的谈话呢？你只能写你听到的、看到的和他们告诉你的，所以我是在有限面前选择了非虚构。去年我是跟吴越认识在先，吴越看到我的一篇非虚构的稿子，在微信里加了我。

吴越：发在《天津文学》上的。

郭爽：对，后来我写了小说之后就发给她看，《收获》选稿子非常严苛，我也是后来才知道，一个年轻作家登上《收获》的概率是非常低的。《收获》登载后，对我来说，重要的是《收获》跟清华大学合办的写作工作坊，让我认识了一批同样在写作的人。以前，我们这一代人都是读外国文学长大的，不太看同代人写的东西，我们同代人也就是韩寒、郭敬明，小时候会看一看，现在可能不会看了。但现在跟过去想法会不一样，会更多地思考其他年轻写作者，他们在想什么，他们在怎么想要写下这个时代，然后你自己的特质又是什么？

吴越：说到编辑这一块，我可以再说一点。我之前做过一段时间记者之后，一般在报社做到首席记者的话，接下来会是一个晋升的序列，比如说是部门主任或者是副主任。但是在这个时候，我有一个机会，就到《收获》杂志来了，是因为我多年来就是跑作家和文学这条线的。我觉得自己看到的都是成品，我是作为一个阅读者，我非常知道这本书跟其他书相比好在哪儿，我可以去采访作家，我可以让他说出很好的可以做标题的句子。

但是，时间久了你就会想去工厂里转一下，因为你此前一直都是在店里面挑商品。偶尔的机会，我和一些交往比较深的作家们提了一些写作中的建议，他们反馈说很有用，这让我觉得也许可以去做编辑。我对进入他们的写作过程，进入一个文学现场这件事非常着迷。我现在也觉得决定去做编辑非常对，我很享受。比如说我可以在大家看到这本书之前就认识郭爽，我可以跟她非常认真地聊小说当中虚构或者非虚构的一些细节，让故事更可能成立、更加迷人。

我成为编辑三年了，这三年是从头开始积累自己的作者的三年。说个真实的感受：我的作者中非常优质和主要的一部分就是媒体人转型成为作家的。前媒体人，或者正在写作小说的媒体人，正在成为我们的写作版图中非常重要的一块、是我们要正视的一股力量，它会带给我们很多新的变化。

李梓新：媒体行业树倒猢狲散了，大家总要做出新的选择。也许我用这个词太贬义，但这是时代给我们的二次选择。当我们这些人，大多在2000年左右进入媒体行业的时候，我们以为这个行业可以做一百年，或者至少可以做大几十年，但没想到自己到三四十岁，很快就见证了巨大的变化，我自己是比较积极拥抱变化的人。我的朋友圈每年11月8日记者节会突然很热闹，那天会有一种错觉，大家还这么关心新闻啊？其实过了那天就不关心了。也挺好的，记者跌落尘埃，要重新学习怎么看财务报表，如果创业的话，要重新学习很多互联网的新东西。以前记者是完全在自己封闭的世界里，记者以为自己看过很多事情，实际上未必。我做“三明治”这七八年来的体验正是这样，这里面有几个原因，第一，记者其实很多时候是条线记者，他（她）在自己的条线内，其实也不见得多宽阔。第二，传统的记者的采编方式，就像刚刚吴越说的，看到的最多的是成品，人家愿意让你看的部分，那个其实未见得多么真实。

所以记者现在进入各个行业里摸爬滚打，我觉得再去写作的时候会有更多切肤的感受。而这种写作，在这个社会里拥有文字写作能力的人，可以转化成多种写作的形式。

其实我今天来之前还做了一个面试，他在上海现在是自由职业。我听到一种很好玩的工作，他说现在的桌游店，需要很多新游戏，每个游戏是有剧本的，他读过戏剧，然后他发现可以去设计一个桌游，这个桌游可能只能玩一次，因为一次剧本就会揭晓了。就像罗生门，每个人扮演一个角色，拿到牌里面有个剧本告诉你应该怎么做。这样一个游戏他大概能拿一万多块钱。他说他花了两个多月写了这个游戏的剧本。我觉得很有意思，一个会文字的人，在今天拥有更多更广的可能。

因为媒体的断档，过去原有的人才培养体系没有了，现在就是所谓的“小编”，这个词我们都很不喜欢，我觉得这个对文字工作者不那么尊重。在新媒体的复杂环境下，大家对文字的看法不一样。很多新媒体觉得拿来主义就挺好，对原创也没那么重视，或者说许多文章都是软文，比如说开个白名单之类。他们假想所有写出的文字都是拿了钱的，是商业行为。

但是我们依然有人傻傻地写一些不收钱的故事，这些真正对文字和写作有热情的人非常珍贵，他们的价值需要机会释放出来。我是非常乐观的，我非常清醒地知道喜欢写作的人在今天不是主流，总是没有喜欢短视频的人多吧。但是幸亏中国是很大的国家，哪怕只有百分之十仍然是一个很大的市场。我终究还是偏乐观的，这种乐观不是坐在那里等待的乐观，而是说要做一点事情去推动它，让更多人保持写作，喜欢写作。

吴越：我觉得媒体的黄金时代可能是1997—2010年左右的时间。大量的人从各个专业进入媒体行业，因为那个时候媒体行业提供的就业岗位很多。而之后媒体的就业情况越来越低迷，这批人轮转到社会其他行业，比如公关、电商等，就像晶体的析出一样。我觉得经过媒体训练的人总归不太一样。

其中有一部分人，其实就是一颗作家的种子，只不过最初十年在做报纸。而等到有了合适的时机，他们就很自然地走向了专职写作的道路。如果先入为主地认为，一个人此前是做记者的，所以就没那么有文学性，这是一种很糟糕的认识。我记得在清华写作坊的时候，格非说，郭爽的语言是几个作家中最好的。我能看出语言中的灵气、才气和多年的新闻侧写的训练，媒体的经验让你得到一种迅速抓住本质语词的训练。

郭爽：当时我没想到，因为大家知道格非老师的语言是非常好的，语言好这一点在小说或者纯文学里是最高的一个褒扬，而且当时是一批年轻的作家在一起，格非说出这样的话我觉得挺意外的，我觉得我好像在别的地方更努力，不是在语言上。

吴越：语言是天然的。

郭爽：我会考虑故事，考虑叙事的结构，或者考虑它的分层。比如说《拱猪》就不是一个简单的追星的故事，它背后有很深的隐喻。我觉得写作时我很多时候用力在这种地方，语言我觉得是长期阅读的浸染，比如说做媒体人让我学到的见解。不管是哪个年代，读报纸的年代还是看手机的年代，都不想看啰里八嗦的文字，都希望看有趣、简洁、有同理心，而不是高高在上的文字。这永远是做媒体教给我的事情。

越来越多人的问我，为什么对普通人或者小人物感兴趣？在写这些不那么光彩的小人物时，如何做到真正原谅他们？我觉得可能与在媒体的工作经验有关，它会给你一个比较阔大的世界观。在很年轻的时候就见过了很多不同的人，我会对世界的看法不那么偏激。你见过很多很难很惨的人，也见过很多权贵、有钱的人，对一个年轻人来说，这种多面的撞击是很强的，当一个庞大的时代抛在你面前的时候。做记者，必须用最少的话说出最有意思的事情，这其实就是很好的训练。我觉得我在写作的时候还是尽量简洁吧。

吴越：我觉得你可以说说你的第一本书，《亲爱的米亚》，那个是不是你开专栏跟很多普通人聊天的记录？

郭爽：吴越提到的这本书是我二十多岁在广州做记者做编辑的时候写的。那时候如果文字表现不错，就有机会在报纸上开专栏，对年轻人来说这是很大的鼓励。我的同事们都开过专栏，但是我的专栏开着开着，就逐渐开始写虚构，也是有一些现实的契机，比如我去采访，这个人和他的故事会留在我的心里忘不掉，转过身我就会去写下来。所以，当它变成一本书的时候，我的同事们都很意外，以为是采访小故事，没想到写的是虚构，是广州的浮世绘。也是那时候，我开始觉得自己在小说上有一点尝试的空间。因为在媒体里走，被训练最多的是评论，媒体写作更多的是迅速对事情做出判断，但我总是很难下结论。于是我就想选择别的方式描述、叙述、表达，更接近这个世界，以我觉得自己应该去呈现的方式。

那本书是一本小小的书，但是我的起点。慢慢慢慢，到现在的这本书里，依然有许多延续，这本书里面写了一些基层公务员、小官僚，也是没有那么光彩的，他们的生活到了一个高光的时刻，可能就会瞬间被剥夺，但是他们又那么的充沛。这些小人物身上，没有一个人让你觉得是畏畏缩缩、没有光彩的，他们都活得理直气壮的。这一点，可能和我成长的背景有点关系，我出生在贵州，西南官话区，下岗、拆迁这些也都有发生，但是老百姓的日子总是在打打小麻将、喝喝茶、摆摆龙门阵这样的调子里度过的，人们总体是乐观的，是非常注重生活和家庭的，这些成了我小说的底色。比如一个人物，她的生活特别惨，但是她还是会想，我还是一个妈妈，我还有一个孩子啊……

吴越：我们今天可以进行一个小小的探讨，比如说，怎么样写小人物的故事，才是真的写小人物的故事？普通人怎么找出自己的经历当中最值得写的那部分，那束光应该打在哪里？自己能够自知吗？

李梓新：我先抛砖引玉啊，这个问题可能包含两个方面，让小人物写小人物自己，这是一个方面。专业写作者写小人物，是另外一个方面。这两种，我先说第二种，专业作者写小人物，我只能从非虚构的经验来谈，不管是写小人物还是大人物，其实在非虚构写作里都是一视同仁的，这也是我觉得非虚构、新闻本身的价值基础。优秀的非虚构写作者在写小人物的时候，其实也应该放在平等地位去对话、去观察、去写。对于在这方面有些探索的人来说，非虚构写作其实是很苦的，这个“苦”在于它天然有很大的挑战。大家不要觉得写真实发生的事情很容易，这里面包含着伦理、社会、人与人之间的关系等许多复杂的因素。因为当一篇文章大家都知道是非虚构时，它必然面临几个问题：

第一，所有非虚构作者都在穷尽自己问一个命题，这个就是事情的全部了吗？他们都害怕自己错过许多东西，因为人其实知道得再多，都会有黑天鹅的情况发生，因为某些客观条件的关系，错过。但是如果要完全沉浸下去就是没底的，不可能长年累月地花时间针对其中一个题目。这是非虚构写作要面对的根命题。当在写小人物的时候，小人物同样会有小人物的狡黠，他不一定把全部告诉你，你未必能够深入他的生活。这是很大的一个挑战。

第二个挑战是所谓写作的顾忌。有些时候还有社会人情、人文上的顾忌，甚至有些时候因为知道了很多事情导致写作被赋予了一种上帝视角。当你被赋予上帝视角之后，你知道这篇文章对你来说可能是成名的机会，但是对被写的人可能会有一些影响。这时候又会有一定的想法或者恻隐之心，当文章发出来后，又有读者来批判说“消费这个被采访者”。所以，写非虚构其实也很辛苦的。

还有一种情况，普通人写普通人自己，实际上是一直在做，一直在倡导的。我个人更多地把它看作一种小小的启蒙运动，某种小小的推广普及。因为这个时代变化很快，如果文字可以给任何一个普通人留下一些印记，留下真实的东西，留下个人的存在感。而在传播中，又获得一种连接的可能。当有心人看到或者有共鸣的人看到，会产生一些积极的可能性连接，更多的普通人可以获得更多平等的共鸣。在这个时代里，通过文字，获取一定的能量，对于每个人来说写作都对他有意义。

随着这代人的衰老，我们的父母中可能有一部分人会写回忆录，愿意写点什么留下来的人也越来越多了。如果有人很较真地问："怎么保证那个普通人写的是真的？"真实这个词，永远在非虚构里像魔咒一样，非虚构没有主观上去捏造、构造真实。对于普通人来说，这个事情确实是非虚构的天然考验。但普通人作案动机会小一些，我们只能做到一种程度的核实。这也不算我为非虚构倒苦水，但我觉得非虚构有它的力量。

吴越：我觉得听梓新说完有两个感想。第一个感想是非虚构比虚构要严格得多，像无菌环境一样，拼命地杜绝像细菌一样的虚假的东西钻进来。但是当你开始要用讲故事的方式呈现时，对事实无法穷尽，就会接近虚构的形态。所以很多写作者对于非虚构的操持、范围产生怀疑的时候，做一些虚构的创作，也是不错的主意。

第二个感想就是我发现很多人投稿的时候，并不知道投稿要求。他会把自己一生的传记都发过来，大部分是流水账，他们不知道自己值得被书写的是哪一块，不知道怎么放大闪光点。所以对于很多普通人来说，做口述采访留下记录也许比自己写的要好。所以这些都是我们现在在虚构和非虚构遇到的有趣的东西。

郭爽：我在梓新那边开过两期课，第一次是讲童年，怎么去写你的童年。每个人的童年都带了一个光晕，隔着很漫长的岁月，我们的成长，使我们能够释怀地去看待。所以那次课大家写得比较顺畅，比较开心。第二次课的主题是原生家庭。这次真的许多人就觉得难，原生家庭不是只涉及你自己的禁忌，还要涉及父亲、母亲，还要涉及一个很重要的东西——时间。时间带来的三个人的变化。写作的难度是在于你如何看待自己。真正难的就是写作本身是一个动作，写作是一个过程，我们老了可能去口述回忆录，但是写作的意义在于让你自己去完成，这个过程中你会去思考、感知痛苦，接受痛苦。

能够面对痛苦是第一步，不论非虚构也好，虚构也好，能够感受别人的痛苦之外，还要有自己的痛苦。写非虚构的时候，有一些难题，可能会比写小说更有道德的挑战，如果你写的东西会对他的生活产生不可逆转的影响。那么对我来说，我能想到的办法就是减去一些事实。完整的事实如果我全部说出来，他一定会受伤，那我就说百分之六十，事实还是事实，保留的是真的，余下的让它毁灭。这就是刚刚吴越讲的写小人物那一束光打在哪里？我觉得光不是打在露出来的地方，而是打在藏在水面下的地方。作者的慈悲也好，在哪个点和水位，警觉了，有时可能就多了几个字，就“坏”掉了。小说让写作者比较自由，但是小说也带来更多的挑战，在技术上，并不比非虚构更轻松。刚才说的是“无菌室”，其实小说也是有它自己的困难和挑战。

吴越：最后再讨论一个小话题。非虚构的故事里会出现大量群众能够用常识来判断的事情，但是结果往往发生了反转。小说里也是这样，小说建立在常识上，但是其实是背离常识的，不然它没有被书写的价值。我想听听你们对出现在文体中的这种常识，采取什么样的选择态度。

郭爽：《九重葛》对我来说是非常难写的小说。我先给大家介绍一下，这本书的压轴篇目叫《九重葛》。首先难写在于题材是不讨好的。里面的主人公不是最底层或者天生占有道德优势的人，他们是一个既得利益的群体，他们是一群小官员、小官僚。他们被“打老虎”打下去了，他们的家庭也破碎了。我有生活经验，所以写的时候，设计了很多东西，比如我设计了两个家庭来和这两个家庭里父亲、母亲、两个女儿之间情感的连接。不论是经历了多大的起伏，你会发现对于中国人来说最后连接人和人之间的就是一个“情”字。

我们现在说“爱”字说得比较多。对中国人来说却是“情”，它有时候很淡，但不会断掉。所以在写这个小说的时候，我在考虑是什么让这两个人之间的情断不掉，这是很难把握的，尤其三十多年的时间跨度又很长。所以这篇小说我写得比较重，也轻不起来。但是我觉得它对我来说非常重要，写到这里我觉得自己对小说有点儿开窍了。我知道真正难的东西是什么，不是讲一个很惊天动地、很刺激、充满悬念、充满叙事陷阱的故事，而是剥离开所有东西之后，你看到了什么？这就是一个作家，在面对这个时代时的敏锐性，他能看到哪里，以及他看到那里之后选择遮蔽什么？讲出什么？我觉得这个更考验人。

吴越：我觉得好的作者、好的作品其实会联系起好的读者。我觉得能拥有这样的读者才是对于文学来说最幸运的时代。《九重葛》是很感人的，我看了三四遍，完全被打动了。一个写作者最让编辑感到幸运和美好的是，他写作的姿态是真诚的，而且能够表达出自己想表达的高度。

郭爽：这也是我想说的话。梓新也说到写作有很多限制，很多时候来自于我们都知道的限制，但是很多时候来自于内心的限制。对我来说，好的写作永远都是激进的，如何在这种激进中把握一种真正的自由，我觉得这可能是在完成这本书之后，我学到的东西。

李梓新：我觉得在非虚构写作里常识应该就是所谓的最大公约数。普通人写作为什么会找不到重点，是因为他们在写作的时候，过分关注自我，而并没有想要去传递所谓常识或者共情。如果我们每个人在这方面能有所提高的话，文学会有不少的改观。

在非虚构与虚构之间能够实现郭爽这样的跨越非常不容易，为什么不容易呢？非虚构其实想传递更多的是一个社会议题或者社会命题，它想要去告诉你有这样一个事实，文学性是它的一个表现手段。而对于小说来讲文学性是第一位，这就导致写法存在差异。

吴越：你的意思是非虚构有一个外在的动机，但是文学只是作者在制造动机，完全是自己为了自身，是一种探索性的现象。

李梓新：倒不完全尽言。小说能够登堂入室、能出版、能传播，它在文学性上的要求还非常高。而非虚构可能不需要那么强的文学性，可以很朴素，但它只要某一个点上传递的价值观很好就可以了。所以两者的诉求不一样，导致写作的方法也是不一样的。

郭爽：谢谢各位年轻的朋友，感谢你们在这里听了这么久。不管你们对非虚构还是对小说写作有兴趣，我希望今天的对话能给你们一些启发。写作这条路不容易，但是有非常大的乐趣。最后我想重复我说的一句话，写作是一个动作，是一个过程，所有美好都发生在这个过程中。所以如果你们也喜欢写作，就去享受这个过程。[1]

1 本文编选时有删节。——作者注

辑五

杂技四十年

重返光明街

凤凰马戏流动剧场后台，蔡荣华（左）在帮助小演员训练（吴越 摄）

杂技四十年

2013 年冬，我以随团记者身份记录了中法合作《十二生肖》剧组巡演法国的盛况，回国后，杂技后台的画面、故事与声音始终无法忘记，于是补充采访。该文于《读库》2014 年第四期发表，我以此标志着自己从写报道到写“非虚构”的初始摸索。

没有想到，中国杂技演员的功夫那样过硬，偏偏谢幕达不到法国凤凰马戏公司的要求。

不要走动，不要鞠躬，不要挥手，不要抱拳，不要摆造型，甚至，不要有多余的表情。

上海杂技团负责外联事务的赵雪一条一条地把法方导演归纳出来的上述几个“不要”翻译成中文，但她心里不明白为什么这些都“不要”。

那么，要什么呢？要：无论观众怎么鼓掌，你得站在自己的位置上，眼睛平静而自信地注视前方，什么动作也不做——然而用你的肩膀的高度、你的脖子、你的手指，表达你的享受——享受掌声和欢呼，享受演出成功的荣耀。

这个“一动不动”，所有演员花了一个月才慢慢达到要求：不是伫在那儿神游天外，也不是用眼神热情地拥抱每位观众，而是自信地站立，展示自己的灵魂。中国杂技演员从来没有过这样的经验，不知道脸上该笑还是不笑。不笑，严肃；笑，僵硬。理想的微笑是淡淡的，从容的，轻松的，个性的，发自内心的。可是不止一个演员说，练微笑，比练个新动作还难。

不过，没过多久，在一场一场的谢幕中，他们从“模仿”享受迈向了真正的享受。二十五岁的主要演员之一徐滨滨腰不好，后来的全法巡演中，几乎每隔两天就要坐大巴车开好几个小时，他就让自己平躺在座位中间的走道上，可以让腰舒服一些。小伙子毫无怨言，掌声是止痛剂。“法国观众太热情了，三次谢幕还是不走，在那儿拼命向你鼓掌……你就觉得下一场不能比这一场差。”

对于五十二岁的副团长蔡荣华来说，掌声，欢呼，他听得太多了。但这回，法国人编排的“谢幕”方式让他也陷入了某种触动。在巴黎驻场演出的最后一场，所有待在后台的教练全部被请上舞台，在那短暂的时刻，蔡荣华也静静享受着热浪般的掌声。但他的心里并不平静。

回顾入行四十多年的历程，蔡荣华知道，中国杂技距离一门国际化的艺术表达形式，还很远很远。

“我们想让观众快乐，但我们自己不怎么快乐。

差距的根源就在这里。”

新华路336号

杂技、魔术、驯兽在古代统称角抵、百戏。此项技艺源于北方。河北吴桥、江苏盐城、山东聊城等地均为杂技之乡；其在南方的发展，当始于南宋。明嘉靖以来，南京、杭州等地亦有史料记载。上海地区最初的文字资料则见于清同治十三年（1874年）《申报》。清同治年间，天津艺人朱连奎与姑苏艺人吕子坚在黄浦江畔外国轮船和新北门外天一茶楼等地演出。之后，田永奎、邱现荣、朝秉谦、孙富友、尹士林等陆续来沪献艺。清光绪十年（1884年）在《点石斋画报》上刊载画家吴友如的《豫园把戏园》，画面上有“走大绳”“蹬高梯”“顶碗”“花坛”等众多节目在四人乐队伴奏下同时演出的生动场景。此外《清稗类钞》《瀛壖杂志》和《淞南梦影录》等书刊，记载了国外车利尼、马丁尼及海京伯等马戏团来沪演出的情况。至此，上海已逐步成为中外杂技荟萃的城市。

民国元年（1912年），楼外楼、大世界、大新、先施等游乐场相继开业，在沪的杂技艺人开始有了相对固定的演出场所，并赖以生根繁衍。与此同时，出现了一批上海杂技史上的著名人物，如被称为南派魔术一代宗师的莫悟奇以及张慧冲、莫非仙、邓文庆等；口技艺术家有尹士林、孙泰、周志成；杂技艺术家有潘德霖父子、邱胜奎、田双亮等。其中张慧冲以高超的艺技演出《腰斩活人》，威慑尼古拉；孙富友以九把飞刀、三把板斧的“飞刀”和新颖的空中“十字大飞人”节目，技超“海京伯”的故事，在上海杂技史上传为美谈。随着经济文化发展，上海迅速成了国内杂技重要集散地。民国七年至民国十五年（1918-1926年）出版的《上海指南》上，就载有朱西山、邱现荣、科天影等十多个魔技班社，仅大世界、先施乐园等数家游乐场内，个体艺人数以百计。当时，外来上海谋生的艺人，大都在街头卖艺，人称“露天职业之群”，处于社会的最底层。如口技演员孙泰的业师尹士林（艺名开口笑），就是从开封牵了驴子流浪到上海的。旧社会的艺人，处于颠沛流离的艺术生涯和苦楚不堪的境地，且有不少人因饥寒交迫，而倒毙街头。

中华人民共和国成立后，上海杂技艺人在政治、经济和生活上发生翻天覆地的变化。

1951年11月，以神州魔术团和邱家班为基础，加上李殿起、张立永、王玉振、张凤池等四十七人组成市属专业杂技团——上海市人民杂技团（后称上海杂技团）。嗣后，其他当时在沪的三十多个杂技团、社、档，一百多名从业人员，陆续分别组成区属民办公助的江南杂技团、上海魔术团、红色杂技团、星火魔术团等专业团体，由黄浦、南市、徐汇、长宁等区归口管理。原先以家庭、师徒关系维系的十人左右的小班和个人单档，都逐渐演变成机构健全、品种多样、规模较大的杂技团体，艺术上去芜存菁，推陈出新，许多传统节目得到继承和发展，并创排不少大、中型新节目。从此，杂技艺术步入艺术殿堂，千百年来走江湖、耍把戏浪迹天涯的苦难生活画上了句号，上海杂技艺术的发展，进入了一个崭新的历史阶段，上海杂技才得以保存一部分业务骨干，为后来的发展积聚了力量。……

“文化大革命”期间，上海杂技与其他剧种处于同样命运，遭受了沉重打击。一时组织瘫痪，业务停顿，除了少数的杂技技巧硬套政治口号的所谓革命杂技歌舞剧外，已无杂技可言。1971年，为招待柬埔寨西哈努克亲王及美国总统尼克松，在国务院总理周恩来的直接干预下，上海人民杂技团才恢复了正常的排练、演出活动，并把一些区属杂技团的主要业务人员调入该团，上海杂技团才得以保存一部分业务骨干，为后来的发展积聚了力量。

——以上引自《上海文化艺术志》第三篇《曲艺、杂技、魔术、木偶、皮影戏》

起头在1972年。我们故事的主角蔡荣华十岁，就读于上海市静安区第一中心小学二年级。

这个年头在上海杂技团的历史上绝不寻常。

1972年2月21日至28日，时任美国总统的尼克松访华。在这段后来被称为“改变世界的一周”里，尼克松总统及其夫人在周恩来总理安排与陪同下观看了数次中国文艺晚会，其中包括上海杂技团的专场演出。

之后，上海杂技团开启了中断多年的招生。

自1966年“文化大革命”开始以来，上海文艺人才就停止了流动和更新，到七十年代已是青黄不接，几近枯竭。1972年，一夜解冻，文艺招生终于再一次启动，上海杂技团亦得蒙春风。

招生的方式和现在不一样，是派老师到各个小学去“看”。

“看”是看什么？首先看长相俊不俊俏，讨不讨人喜欢，这决定了你站到舞台上的“观众缘”；其次是看身材，看形体，骨架，看手和脚的骨骼线条直不直。将来要干杂技这一行，身体是本钱；最后看反应能力，一大堆孩子做游戏，老师在旁边观察，看你的胆子，看你的灵敏性，看你的判断力。说三条缺一不可，其实第三条是顶要紧的，通过第三条的考核，才能通过。

蔡荣华是静安一小唯一被录取的孩子。1972 年 10 月 26 日，他走进了上海杂技训练班，从此挥别了往昔，走进了另一种集体生活，也开始不同的人生。

尽管在 1972 年的这次招生之后，上海杂技团在 1983 年又招收了一批学员，更何况后来的马戏学校也培养了多批学生，但蔡荣华不谦虚地说：“我们这批学员是新中国成立后最正规、技术全面、整体最成材的一批。”

“上海杂技训练班”定址于新华路 336 号。班上汇集了从上海十个区、十个县里挑出来的六十个孩子，三十男三十女，最大的十二岁，最小的八岁。

新生活是苦生活，天天要“吃生活”。上海话里“吃生活”就是吃苦头的意思，因为生活本身是苦的，这里面蕴含着上海人一种惨淡的幽默感。练功苦，老师凶，谁偷懒就可能挨一顿藤条伺候“竹笋烤肉”。蔡荣华回忆说，训练房里时不时从各个角落里传出小小孩的哭声，四面八方汇成一片。头两年所有人练基本功，就被家长接走三个同学。

蔡荣华倒是很快适应了环境。苦，但受得了苦。“其实我们心里也知道，练杂技，不打不骂不狠一点，是练不出来的。体罚我们的老师自己心里也难受。”

手伤脚伤，家常便饭。去医院打个石膏，回来照常训练，手坏了就练脚，脚坏了就练手，左手坏了就换右手练。蔡荣华在进训练班一年多的时候就手腕骨折，后来又脚腕骨折。他不想让家人担心，星期天家人来看望前，他自作主张把石膏拆掉，等家人走了再把石膏绑上。杂技生涯中，受过多次伤，蔡荣华对家里也是能瞒就瞒。受伤的种种缘由，既有配合不当，也有练功不得法，还有自己调皮捣蛋。蔡荣华最得意的是这么一件往事：

“有一次下课后，我们几个男孩子踢足球玩，我摔了一跤，膝盖肿了，马上想到的是怎样瞒过老师。因为如果你是训练受的伤，还能休息，如果是自己玩出来的伤，不给休息，还要挨骂。第二天练功，肿的地方一目了然，我就编了个说法，跟老师说是去训练房拿东西时撞伤的。解释过关了，训练照旧。”

“我们那时对医院都熟门熟路的，我自己溜去看医生，医生说里面都积液了，要用那么粗的针管抽液，”他比画了铅笔盒那么大的一个范围，“我没同意。所谓久病成医吧，我心里清楚抽液不仅是痛的问题，将来练功也会不灵的。我就想了个办法，配了云南白药，和黄酒拌在一起，敷在膝盖上面，每天敷。肿是消了，问题又来了，毕竟膝盖受伤，练功时整条腿弯不下来。我只好用自己的手把腿扳弯，弯成和别人一样。这样足足挨过一个多月，腿才恢复正常。还好，没留什么后遗症，我这个云南白药拌黄酒的方子还跟别人推广过。"蔡荣华说他这个人反应算比较快，在后来的训练和演出里没受过大伤。

在头两年里，老师们也在观察、比较，决定将来每一个人主攻的节目类型。身姿灵活、头脑活络的蔡荣华，首先被领到了小武术和爬竿的路子上。

所谓"小武术"，就是八九个杂技演员组合表演倒立、空翻、扛人等动作，需要一定的肌肉力量和武术基础。配合得好，小武术也能打出排山倒海的气势。教授蔡荣华的老师姓申，叫申方良，本身就是一位著名杂技演员，曾在海外跑码头卖艺，新中国成立后回国加盟上海杂技团。申方良的保留节目叫"踩大球"，在晃动的皮球上，一个人单手倒立在另一个人头顶，脚上还能踢花篮。申方良现已年届九十，恐怕是上海杂技团里在世年龄最大的老一代艺人了。

蔡荣华最感激申方良的是他从来不打学生，对学生态度犹如亲生孩子。教爬竿的老师姓张，蔡荣华同样感激，说张老师"严格，但不是那种不近情理的凶"。

这两位启蒙老师，虽已退休多年，有时蔡荣华还会去看望。他说："我有今天，离不开当初老师们严格而又慈祥的教育。"

其实，在进杂技训练班之前，蔡荣华根本不知道什么是杂技。进了训练班之后，他倒一心一意喜欢上杂技。这个喜欢，分三层意思讲：第一层，那个时候的人们思想比现在简单，社会分配你去做什么，你就做什么，蔡荣华和他的同学们都是读着《一颗螺丝钉的故事》长大的，服从纪律；第二层，他的悟性、身体条件，都确实适合这个行当，因为适合，所以练得出来，再加上喜欢琢磨的个性，练得比别人好，反过来带动了兴趣；第三层，蔡荣华打心里感谢杂技学校录取了他，这对他和他的家庭来说，是天开云裂送到眼前的一缕阳光。此话怎讲？

——蔡荣华家住新闸路，从小家境不太好，父亲在他九岁时就去世了，母亲在上海丝绸机械厂当工人。兄弟姐妹五个，他是最小的一个。按理说，家里的"阿末头"是最受宠爱的，但杂技训练班来招生时，蔡荣华的两个哥哥已经在外地插队落户，一个在黑龙江，一个在安徽。做母亲的思忖：练杂技毫无疑问要吃苦，但这个苦和那个苦相比，还是取这个苦，至少可以留在上海。

在新华路 336 号的七年里，每个星期天，只比蔡荣华大两岁的小姐姐就会到学校来给他洗衣服。学校有规定，家里不准带食品来探望，防止家境高低在小孩子心中拉开差距。谁家父母忍不住送了吃的，一律上交。在蔡荣华看来，和外面相比，学校的伙食已经很不错了，根本不需要家里额外补贴。

他幸福地回忆道："有饭菜，有牛奶。那个年代有牛奶真是很难得了。不过学校的牛奶也不够，牛奶公司每天送过来三十瓶，老师掺一倍水，兑成六十瓶给我们喝。"

在这几年里，每个人还经历着来自自身的考验：身体发育。一不小心就发胖了，力量跟不上重量了。解决的办法还是那一条：训练。运动量跟上，一般都能顺利度过发育这一关。

学校把社会、时代的影响都挡在了门外。无论外面发生什么，学校里照常训练。那时还在"文革"期间，也曾有过同学贴大字报揭发老师打骂学生，但风波程度和外面相比只能算是小巫见大巫。

隔了一道墙，别说外界，就连孩子的父母也对杂技训练些什么一知半解。只有在将近毕业、汇报演出时，家长被请来坐在台下，看到自家小孩登高、爬竿、顶碗、翻跃，才纷纷坐不住，泪水涟涟，想这条路这么难、这么险，一个闪失就断手断脚，摔成残废，越看越心惊，越想越心痛。可到了这个时候，说什么都晚了。十几岁的少年们已经开始对外登台演出了。

1975 年，蔡荣华首次登台。具体演了什么，他已经忘记了，大致不离主练的节目：小武术、爬竿、跳板。从那之后，学员们经常到上海近郊去实习演出。

临近毕业前，最令蔡荣华难忘的一段经历是“拍电影”。

上海科技教育电影制片厂一个摄制组进驻新华路336号，跟拍杂技训练班从训练到演出的林林总总。少男少女们不知从哪儿听说这部片子使用的是当时相当稀罕的国产最新彩色胶卷，于是在拍摄中更加卖力。半年后，这部名叫《杂技新苗》的科教电影拍成，还专为杂技训练班放映了一遍。

三十五年过去了。2007年，由蔡荣华牵头，筹办“72级训练班入学三十五周年返校同学会”。物换星移，新华路336号已经是上海民族乐团所在地。好在原来的围墙现在破墙开店，经营一家酒楼，自然成了聚会地点的不二之选。聚会之前，蔡荣华想，最好的青春纪念，莫过于那部《杂技新苗》。他甚至早早地借好了投影仪，准备把原片在饭店包厢的墙上放映一遍。

从网上找到网下，蔡荣华发动自己在文化界的所有关系，查遍了电影资料馆和广播电台，却怎么也找不到《杂技新苗》半点踪迹，它就好像在时间的海洋里隐身了。好不容易，有人送来一盘资料片，放出来一看，却是一部拍摄外地杂技团的同名电影。这个念想泡汤了。

聚会这天，席开七桌，除了定居国外的同学没找到，大部分都凑齐了。七十余位师生透过玻璃窗，甚至可以望见墙内风景，重温那些摸爬滚打、亦痛亦笑的少年时光。蔡荣华在餐前致辞："三十五年时间不短，多少风雨坎坷，多少艰辛泪水，几十年来经历的甜酸苦辣，只有每个人自己知道，但我们每个人都在努力，没有辜负老师的期望，都在不同的岗位上成长起来了。"

至今，蔡荣华还不死心，他相信在某个库房的角落里，在当年最稀罕的国产彩色胶卷上，一定还收藏着他们这群人的青春，这群人的汗水。

南京西路 400 号

1979 年，毕业了。上海杂技青年队成立，家当就是四十一个刚出茅庐的演员，和一整台从小练到大的节目。

工作地点在南京西路 400 号，上海杂技场，又名"风雷剧场"，上世纪六十年代起便矗立在南京西路黄陂北路口，每到夜晚，这座大型圆顶建筑远远地就以"上海杂技场"五个霓虹灯大字招徕着来往行人。那时，国内外来沪游客几乎没人不知道鼎鼎大名的杂技场；大凡国家元首、政界要人莅沪访问，也必到杂技场观看杂技晚会。里面不仅演出杂技、马戏，还有木偶戏。上海杂技场在其存在的三十一年间，向这座城市供应了大量欢乐与温馨，自身也成为一座时尚地标。

那也是蔡荣华最为怀念的杂技的黄金时代。一闭眼睛还能看见每到华灯初上时，上海杂技场大门前的人头攒动，“那时生意真好，周边黄牛都靠我们发财”。偶尔，关在杂技场后面一排兽笼里的马戏动物“伺机越狱”，猴子翻窗，小狗翻墙，附近居民熟门熟路对着后门一吼：“你们的动物又跑出来啦！”竟然曾有一只老虎冲出了兽笼，要不是及时捉回，就要出现在川流不息的南京西路上了。

上班了，蔡荣华的工资是三十六元人民币。一年后涨为四十六元五角。他全部上交给母亲，母亲再给他几块钱零花。他记得很清楚，第一个月工资刚拿到，正好家里准备买一台红梅牌十二英寸黑白电视机，他的三十六元和全家人的钱凑在一起，买了这台电视机。在街坊邻居的眼热、羡慕、赞叹和围观中，蔡荣华感到深深的满足。但这只是个开始，很快，他又单枪匹马制造了更大的奇迹：从日本带回了一台三洋牌十四英寸彩色电视机！

蔡荣华这份工作最大的福利就是可以出国，他是招人羡慕的对象。“最羡慕的是我们能出国，挣外币，买外货，收入高出一般人一大截。”

1980年，上海杂技团赴美国纽约等六个城市商演，这是中国第一个商业性演出团，开了中国文艺团体出国商演之先河。演员队阵容不够，从青年队中抽了十人左右。虽然蔡荣华错过了这次机会，但好在没过多久，1981年，留下的全部青年队演员加上动物队的部分演员共七十个人东渡日本巡演四个半月。这时，青年队实际上等于解散，队员分别充实到演员一队（马戏队）和二队（杂技队）中去。上海杂技团在日本走了二十多个城市，从最南的冲绳到最北的北海道，统统走遍。

回国前的重头戏是购物。团里几乎人人都采购了电视机、电冰箱等家用电器，乘船托运回上海。头一回出国，蔡荣华从日本带回的不仅是国内紧俏的先进商品，也不仅仅是出国镀金的光辉荣耀，还有亲身经历过的文明差距。一水之隔的世界，纤尘不染，皮鞋不用擦，衬衫领子不用洗，没有人随意横穿马路，所有车辆听从红绿信号灯指挥。

此后，只要出国一次，蔡荣华都会想办法托运回一样电器。家里的冰箱也是这样买来的。1986年，蔡荣华又去日本演出四个半月，买回来一台摩托车。说是摩托车，其实是介于摩托车与汽车之间的踏板车，当时全上海都没有。马路上一开，交警一瞄，就知道是上海杂技团从日本带回来的。蔡荣华每天骑这辆车上下班，有时被交警拦下来，不是为了别的，就是为了仔细看一看他的车。

每到这种闪亮的时刻，蔡荣华曾经骨折过的手和脚，那些阴雨天暗暗作痛的颈椎和腰椎，还有训练和演出时一失手一惊的汗水，统统值了。“小时候的苦没有白吃。”

如果自己当初没有成为一名杂技演员而是当一名普通工人，那么我蔡荣华是一辈子也没办法购置这些物件的——这是他一直以来的看法。按蔡荣华的记忆，上世纪八十年代，一个杂技演员在日本演出一天的生活费是六千日币，相当于当时上海一个工人一个月的工资。1988年，中国第一所中等专业学校——上海马戏学校诞生。学校的启动资金中很大一部分，就是来自上海杂技团出国演出挣的外汇。

这种巨大的差别如今已经消失了，前些年在美国演出，一天的生活费是三十五美元，折成人民币也就是二百多元。

1984，兰州《大跳板》

当然，二十世纪八十年代对蔡荣华而言绝不止于出国长见识、买电器。这里出现了他职业生涯第一个高峰。现在倒回去，说到一个重要年头，1984年。

1984年，第一届全国杂技比赛在兰州举行。上海送去了两个节目：《大跳板》和《大飞人》。蔡荣华就在《大跳板》里。《大跳板》是上海杂技团的“看家菜”。跳板类杂技发源于俄罗斯，上海杂技团建团之初，几位曾在苏联随团卖艺的杂技演员回国投奔，将绝活传到了上海，使上海杂技团成为中国第一批练跳板的杂技团体。如今这道“看家菜”拿出来在全国同行面前亮相，引起了轰动效应。没想到，金奖落到了别人家。

比赛过去了三十年，蔡荣华还有些介怀。他分析没拿到金奖有三个原因：一，上海杂技团发扬风格，赛前训练把白天的训练场地让给别人，自己半夜十二点去训练，影响了精神状态；二，大家毕竟是第一次参加全国比赛，有些紧张，比赛时还是产生了一些失误；三，原本赛前传出的消息是评三块金牌，最后却只评了一块。他不无悻悻地认为，如果按照先前的“三块金牌”说，总分第三名的《大跳板》也可以风风光光拿到金牌。

谁拿到了金牌呢？郑州市杂技团孔红文的《椅子顶》。蔡荣华说，内行看门道，倒立是杂技演员的基本功，同时又是最难的，这个节目确实让人服气，按郑州杂技团得奖后的媒体报道用语，叫“技压群芳”。不过蔡荣华也听到另一种小道消息，说是在几个大团的看家绝活之间很难决定把金牌给谁，最后取了当时还是个小团的郑州杂技团选送的单人节目，避免了口舌之争。

遇到第一次算不上挫折的挫折之后，路就越走越顺了。1987 年，第二届全国杂技比赛在上海举行，1991 年，第三届全国杂技比赛在武汉举行。以上赛事，上海的《大跳板》都拿了金奖。

三届参加下来，蔡荣华身心都有打通的感觉。以前杂技界封闭，同行是冤家，各练各的，不相往来。现在有了全国比赛，好似一道开放的长廊，将各个团的压箱宝贝都展现在年轻人眼前。那是个开放的时代，年轻人好交朋友，来自五湖四海的很快能谈到一块去，相互去看训练，看比赛，串门。虽然谈机密性的东西不多，但交流的程度已经很专业。领导对此并未干涉。当时蔡荣华比较接近的有北京杂技团、山东济南杂技团、沈阳前进杂技团、广州战士杂技团，很多人到现在还和他有联系，尽管转业了，退休了。交流中也让蔡荣华知道了各地的“奖励”行情，外省市比上海高多了。外地某团的节目在全国比赛中得了奖，演员回去就奖励了一套房子。相形之下，上海给个人的最高奖励也不过两千多元人民币。

共和新路 2266 号

进入九十年代，变化悄然发生。市场经济激活了千姿百态的文艺演出，杂技类群众性文艺演出不再是娱乐生活的首选。杂技在市中心这块寸土寸金的宝地有点儿待不住了。有人回忆说，上海杂技场曾经借给商家，成为卖羊毛衫的铺面。1995 年，曾经著名的地标式建筑黯然拆除，作别南京西路。上海杂技团北迁至闸北区共和新路 2266 号。1999 年，“大菠萝”状的上海马戏城出现在当时满眼工人新村和工厂厂房的共和新路上，甚是扎眼。而在上海马戏场的原址，早已造起了高级商务写字楼“仙乐斯广场”。

搬家后，杂技团面临的是一个荒凉的乡下。“那时候，一号线没有延伸段，地铁不通，高架也没有架到这里，夜里一片漆黑，生意真的不灵，一星期只演双休日两场。”蔡荣华说。

上海马戏城的创业时期一直到 2005 年的一台节目《时空之旅》出名之后，才算告一段落。《时空之旅》首演于 2005 年，至今仍在上海马戏城常演不息。截至 2013 年 9 月，票房收入突破四亿元，被视为国内演艺文化市场上的一朵奇葩。它不是单纯的杂技晚会，其性质被定义为“多媒体梦幻剧”。编导团队来自加拿大，在他们的创意下，《时空之旅》融杂技、舞蹈、戏剧、音乐和多媒体技术于一体，而传统的杂技“活计”则被文化元素包装得韵味十足。

2000 年至今，一心求新求变的上海杂技团“研发”了《时空之旅》《浦江情》《欢乐马戏》《雕刻时光》《镜界》等五台剧目，每年演出一千二百多场。

但让蔡荣华感觉团里发生深刻变化的并不是从南

京西路搬到共和新路，也不是节目形态从单一杂技走向多媒体复合。上述那些变化都是缓慢的、渐进的，而真正的变化只在一瞬间，完成量变到质变的轻盈分野。

“上海杂技团的变化，对我来说，是从上海人练杂技少了开始，”蔡荣华说，“2000 年之后，‘苗子’里就没有上海人了。上海没有人愿意练杂技了。我们团招人大部分就是去外地招。上海杂技团的通用语言本来是上海话，后来慢慢变成普通话。”

太多的年轻演员像潮汐一样来了又走了。走了的，一般就失去联系了。他们有的回到老家，另谋一份与杂技没有半点关系的工作，有的漂泊到另一个异乡，甚至异国，继续舞台上的冒险。上海，是一个过渡的码头，是一个浮动的梦，是一份驳彩的记忆。

蔡荣华说：“国内许多省市的杂技团与演员签的合同不那么规范，也并不关心演员的前途，你从什么地方来，解约后就回什么地方去。我们上海杂技团相对比较好，你还在做演员时，就鼓励你在外面多学习，为了将来的再就业多学一门其他的手艺，比如学化妆、学英文、学舞台管理。学习的费用在我们单位是可以报销的。你当然也可以立志做管理，但必须得是数一数二的演员才有这个可能，不然其他演员不服你管。”

和蔡荣华那代人不同，现在的杂技演员在舞台上的周期大约只有十年。这个群体因而躁动不安。蔡荣华是这么算的：虽然有不少杂技演员从六七岁就开始登台，可是按照国家规定，十六岁以后才开始算正式用工。女演员一般二十六岁、二十七岁之后就考虑结婚生孩子，生完孩子后一般不太可能再从事演员工作，那么她们的演员生涯也就是十年左右。男演员的舞台生命或许要长一些，但到了三十岁左右也就慢慢退下来了。科学地来看，从十几岁到二十几岁，是一个杂技演员力量、身体结构的黄金期，过了这个时段还能保持巅峰状态的，不是没有，但数量极少。生存压力被分摊到舞台上的每一天，大部分演员不得不考虑“退下来之后干什么”。

杂技，是个暂时的职业。

视线收回到蔡荣华这一代，当初训练班里的同学也有了不同的方向。最多的是去马戏学校当老师或在杂技团里当专职教练。有的进入了管理层，还有的转型做起了生意。还留在舞台上的只有两三位了。

从1979年到2003年，蔡荣华当了二十四年杂技演员。他练过大跳板、爬竿、扛摇竿、双人吊子、浪桥飞人、狮子舞和小武术等若干种杂技节目。其中，练大跳板的时间最久，爱动脑筋的蔡荣华发明了“蔡氏接法”。

先说说大跳板的基本节目形态。主要工具是形似“跷跷板”的一块长板，板的中点有支架，演员从地面或高处跳上长板的一端——这叫“砸”，将另一端站立等候的演员弹起——这叫“翻”，弹起的演员在空中翻腾回转，落在数米外的人梯上——这叫“接”。一个“砸”、一个“翻”、一个“接”，各有巧妙，各有难度。空中翻跟头的圈数越多，落点就越飘忽，“接”稳就越难；人梯的人越多，最后一个人（这叫“尖”）要翻的高度就越高，最后一接的风险就越高。

蔡荣华的工作不是“砸”也不是“翻”，是“接”。

他说：“我这个‘接人’和别人不一样，我自认为是上海杂技团‘接跟头’技术最好的人，为什么？翻跟头的人一起板我就知道他这个人动作会翻到哪里，准确地把他接到，让他哪怕是可能失误或者失败了的动作也挽救回来。第二个，我们知道，翻跟头的人小腿的胫骨其实很痛，他的下落是硬生生‘砸’下来的，其实我们接的人后脑勺也很痛，那么我有一种本事，通过多年的刻苦训练，能够用肩膀的动作协调，把他翻过来的劲头‘随’掉，他的腿不会痛，我的肩膀也不会痛。我后来当了老师，也是这样教学生的，但目前为止还没有人学到。这个不是靠学，是靠自己动脑子，自己揣摩，不让他伤也不要我伤，形成你自己的解决方案。”

“大跳板”好看的地方在于动态十足，险象环生，往往引得观众为之捏汗，难的地方在于“砸”“翻”与

"接"都要准确到位。否则，一点失误就会引发四五个人叠成的人梯溃散，情况就危险了。舞台上的行规是，一旦发生意外，下面保"托"的人只保"尖"，另外的人要自寻生路。曾经有一次，蔡荣华在人梯的第四节，在他肩膀上还有一个"尖"。"尖"没有站稳，梯队不保，危急关头，蔡荣华主动跳了下来，滚落在垫子上，只受了一点轻伤。还有一次，蔡荣华的左手无名指被接来的人砸成骨裂。医院的诊断是马上绑石膏，但蔡荣华想到即将参加比赛，签字立状，不绑石膏，责任自负。他找了块小夹板，把无名指和中指绑在一起，又向跳板演员张开了双臂。蔡荣华说，这点痛，以杂技演员的耐受力还是能坚持的。

接跟头还"接"来了蔡荣华的爱人。做演员的时候，蔡荣华兼职带教跳板演员。跳板尖子演员的更新较快，一般是团里从体委特招来的技巧运动员，他们的底子好，反应快，有跟头基础。有一个清秀的女孩就是从上海体育宫招来的尖子，蔡荣华一直教她，时间长了，产生感情。在那之前，蔡荣华从来也没谈过恋爱。在台上，她翻，他接，并没有加倍关照，加倍仔细，他说，"在演出中间，我脑子里不会想她是我太太，什么人对我来说都是一样，我要保证的是每一个翻过来的跳板演员的安全"；在台下，谈恋爱，结婚，生孩子。女儿生下来才三个月，爱人又登台了。一直到她膝盖动手术，腰椎旧伤复发，从事演员工作确实困难了，才回到家休息。至今，爱人没再登过台，但编制还在团里。

杂技演员的婚恋多半都在行业内解决，团里一对对的，很多。蔡荣华说，干杂技这一行，谈恋爱蛮难的。“一个因为我们天天演出，圈子很小，还有的是谈也谈不成功，人家不理解，你一个小姑娘天天夜里上班是怎么回事，约会也成问题。再有，杂技演员相对来说书读得少，层次相对较低。外面的人找对象想找层次高一点的，就很难补齐这个差距。”

上大学，上春晚

2004 年，中国杂技家协会、北京师范大学合作办了一个杂技大专班，学制是两年。

大学校园对杂技演员而言，就像蔡荣华在毕业辞中所写的：“是一个遥远的梦，犹如是一个浩瀚宇宙，永远无法触摸。”

蔡荣华决心触摸宇宙。他日夜复习，终于考上了。四十二岁的蔡荣华背着书包挤着公交车，开始了在北京师范大学的校园生活。

“在那边学习了很多，杂技发展历史、杂技概论、大学英文、心理学、教育学、编导、舞蹈基础、艺术管理、运动解剖学、计算机基础。很多跟我们专业结合很密切，对我系统地了解杂技很有帮助。心理学、教育学这方面的课程，让我懂得如何掌握演员的心理，如何管理演员更有效。杂技演员出身的人，思想非常简单。在工作上往往会产生冲突。这就是杂技演员做管理的特殊性。你不能用同一种方式对待不同的人，要经常和他们交流。”蔡荣华说，回团后担任领导职务，不少准备离开的演员就是他一个一个说千道万挽留下来的。

两年的学习收获不小，生活则相对清贫枯燥。北京的水土、气候和生活习惯，毕竟和上海大不同。蔡荣华最难习惯的是食堂饭菜的口味，但他也没有多余的钱去下馆子打牙祭。每个双休日，他都不知道怎么过，于是到处乱逛，两年下来把北京全部逛遍。后来他买了一个小电视机，放在宿舍里看看电视解闷，晚上十点电闸一拉，只好睡觉。就这么把两年坚持下来，回头一看，生命中难得有如此纯粹又缓慢的两年光阴，也算补上了一段杂技演员少有的大学校园生活。

2005 年 12 月，蔡荣华毕业了。他在毕业留言中写道：“七百多天后，我突然发现梦已成真，我走进了浩瀚星空，成为万颗星中的一颗。”至今，蔡荣华还是上海杂技团唯一一个全脱产在北京系统进修过专业课程的员工。

2006 年 1 月，蔡荣华拿到大专学历，回到上海。团里为他重新安排了工作，蔡荣华去了在上海商城驻场演出的杂技晚会《浦江情》剧组。他用了一年半时间整编全组排练新节目，训练完成一支完整的演员队伍。2007 年中旬，上海杂技团干部重新调整，让蔡荣华回来担任了杂技部主任，管理杂技团全部杂技演员。

2009 年初，蔡荣华带着刚刚于第七届全国杂技比赛上获银奖的《抖杠》节目来到中央电视台春节联欢晚会剧组。这一年是虎年，在大年三十的春晚舞台上，演员们身穿虎纹演出服，伴随着激昂的音乐，献上了令人大气也不敢出的三分钟杂技表演：男女演员在手腕粗细、一人多高的软杠上飞跃、跳绳、抛接人。中央电视台的直播镜头里看不到蔡荣华，他在后台捏着汗。

从初出茅庐到带学生登上春晚舞台，蔡荣华的整整三十年过去了。

也是在 2009 年，蔡荣华被任命为副团长，兼任杂技部主任和魔术部主任，而后又兼上了保障部主任，并分管培训部。他一下子变成了千手观音，哪哪都是事。一年忙到头总结下来，他又觉得心里空落落的，和当演员那会儿相比，管理工作什么实际的东西也拿不出来。

“我现在的工作是做好演员管理，说大白话就是保证上海杂技团每年近千场次的演出安全、顺利、到位。抓好培训。这几块工作都是别人看不到的。我其实是一个领导和演员中间的角色，我要对单位领导负责，又要考虑到演员的需求。”他笑，呷一口热茶。

蔡荣华的办公室很简单，很冷清，一扇看得到“大菠萝”的大窗，一张干干净净的办公桌。实际上这是他名义上的办公室，真正的办公室在大训练场旁边一间小房间，和好几个人共用。有事，先去大训练场找他，没有，再去另外两个小训练场找，准在。

没有追光灯，没有掌声，没有音乐。蔡荣华的舞台变成了后台。不知怎么的，他的工作性质好像还是“接”人，只不过接的不是飞跃而来的跳板演员，而是一茬又一茬来自全国的年轻演员。

如今八〇后、九〇后杂技演员的心理状态，已经和蔡荣华自己走过的年代截然不同。

“我们那时候，为了生存而勤学苦练，除此之外也没有别的选择，干了这行，留在这个团，就是一辈子的打算。现在干这行的年轻演员，有不少是想多赚点钱，不太安分。还有点好高骛远，总觉得外面的世界比团里好。管理这一块挺难的，大部分演员都不是本地人，有从河南来的，有从山东来的，也有从江西、广西、江苏等省来的。他们没有长久待在这里的想法。你为他的发展做打算，他心里在想过两年我就走了。还有的孩子出生环境比较好，吃不起苦，累一点苦一点就走了。总的来说，社会环境不一样了，现在的年轻演员，享受型的更多一点，他们会向你提出各种各样的要求。”

蔡荣华说，如果还拿职业道德感和对剧团负责的精神来要求这些年轻的杂技演员，你会失望得不轻。

话说回来，蔡荣华自己也做了二十四年的杂技演员，他深深理解杂技这一行的风险与残酷，谁不想趁还在舞台上多获取一些？况且，与蔡荣华这代演员都是沪籍本地人不同，现在上海杂技团各个节目组的杂技演员绝大多数来自外地，他们要在上海这么一个举目无亲、生活成本又高的城市安顿下来，不指望多赚点钱又能指望什么呢？

《十二生肖》

回到本文开头所在的巴黎，时间是 2014 年 1 月。这是一条干净、弯曲的街道，名叫 Minimes 大街，它的一边是著名的 Vincennes 森林，一边是 Berault 地铁站。这个下午，从巴黎十二区明净的蓝天往下俯瞰，能看到三个穿红色夹克衫的中国人走在 Minimes 大街上，他们经过了地铁站，再往前走了一点儿，拐进了一家不大的面包房。

蔡荣华走在最前面，直奔主题，向柜台里的金辫子姑娘竖起两根手指，“twenty, bread, this”，他又指指柜台里的法棍，然后就冲着姑娘微笑。姑娘拿出两根法棍，征询性地挥舞了一下。“No, twenty, two-ten, twenty.”蔡荣华摆摆手。姑娘终于相信她要一口气卖出二十根法棍，转过身仔细翻找了一番，确定有这么多法棍，然后一根根地摊在案板上切成段。排在后面的顾客耐心等待着。一位法国老头一半出于兴趣一半出于礼貌地搭讪，他瞅着三位中国人都穿着红色夹克衫外套，背面印着“Le Cirque Phénix”（凤凰马戏）字样，往外蹦出几个英文单词：“You, great, Le Cirque Phénix, very good.”虽然不能对话，蔡荣华还是充满理解地对法国老头点点头。在巴黎两个多月，外出时只要穿凤凰马戏的工作服，总会引来路人善意的关注。他们已经习惯了。

现在，蔡荣华和另外两位教练原路返回，他们走进 Vincennes 森林，踩着茸茸野草中一条露水泥泞的小径，来到一道白色的栅栏前。通过栅栏，就是凤凰马戏流动帐篷剧场的后台。后台是与帐篷无缝对接的一组临时“房间”，最尽头是一间面积约四五平方米的长方形开间，窗外直接对着森林边缘的铁丝篱笆，鸟声啁啾。房间里井然有序地码放着装有土豆、大葱（国外大葱和小葱的价格大概相差有十倍，所以买回来的小葱都做了珍贵的种，在门外台阶旁用大盆培土种了好几丛）、鸡蛋、番茄的纸箱，铁架上安置着酱油、醋、糟卤、大米，右边长条桌面上最醒目的是一个小巧的煤气灶和一个壮实的电饭煲，左边靠窗的洗手池边一摞洗干净的不锈钢饭盆。是了，这就是由上海杂技团集体经营的中国厨房。火头军沈为民穿上白大褂就是厨师，脱下白大褂就是大跳板节目的教练。沈为民和蔡荣华是当初杂技训练班的同班同学，两人搭档配合几十年。

根据舞台上传来的音乐声判断，再过一会儿，下午场就要结束，演员们很快要拥入后台，每人一碗热乎乎的中式番茄蛋花汤，搭配咬劲十足的法棍作为点心，然后就要准备七点开始的夜场。娴熟、紧张、苦练与活泼、嬉闹并存，这里弥漫着一种吉卜赛式的欢乐。

从 2013 年 11 月 14 日的首场演出到 2014 年 1 月 12 日谢幕演出，上海杂技团与法国凤凰马戏公司合作开发的大型杂技晚会《十二生肖》在帐篷流动剧场驻场演出了七十六场，观众数量达到三十五万人次。在其后，又拉开了在法国全境和欧洲法语区的漫长巡演。这注定是上海杂技团发展历史上一个新的里程碑。

法国凤凰马戏公司是法国著名的马戏节目制作商和演出商。老板阿兰 · 巴仕每年在全世界范围内挑选一个杂技团，共同制作一台具有异域风情的主题杂技晚会，并提前一年开始售票。每年秋冬，当欧洲延续数百年之久的传统“马戏季”到来之际，很多法国人带上全家老小，驱车前往在 Vincennes 森林边缘驻扎的凤凰马戏流动剧场，在那个五彩斑斓的巨大现代化帐篷里度过奇幻时光。阿兰·巴仕的马戏理念接近于“太阳马戏团”的“新马戏”理念：不鼓励驯兽，尽量减少动物节目；杂技节目的创意与美感大于难度，但这不意味着放低难度，而是让杂技技巧与“讲故事”毫无生涩地融为一体，辅以一流的舞台声、光、电效果，犹如放映一场触手可及的巨幕电影。

在巴黎，观看像凤凰马戏这样的马戏晚会是一种颇为高雅的消遣，也是一项不菲的消费，大约成人每人七十欧元，儿童每人十五到二十欧元。因此，穿着印有凤凰马戏字样的红夹克走在路上，就像是明星出街一样醒目。

两年前，阿兰·巴仕，这个头发花白、戴着黑框眼镜的犹太人看中了上海杂技团。经过一年多，双方联合制作完成一台时长为两个多小时的杂技晚会。

这台杂技晚会的法国名字叫《玉皇大帝》，中国名字叫《十二生肖》。整个故事大纲似有若无，基本情节是玉皇大帝召见十二个动物，而它们依次上演精彩表演。

编导、串场、合成、舞台全部由法方担当，中方要做的事情是将自己的拿手绝活“打包”进一个个动物故事：猪和老鼠转盘子，一群活泼的小兔骑独轮车，丛林里大小老虎比武（这个节目的原型是《多人大跳板》），骁健的白龙在大鼓上展示武术（这个节目的原型是《男子造型》）……

以往与外方的合作，上海杂技团只要按部就班奉献“绝活”就行，演一场挣一场的演出费。这次不同了。要与法国公司一起拿出整体方案，要按照法国观众的口味去设计节目。上海杂技团学到了很多纸面上从来看不到的东西。以凤凰马戏公司对《十二生肖》的两处修改为例。一处是把原本足有六分钟的开场“亮相”删减到只有一分钟。对此，上海杂技团团长俞亦纲颇有感悟：“我们的思维习惯是要先‘寒暄’，但法方认为应抓住开场时的兴奋感，迅速进入主题。这是中西文化之间的差异。”另一处是，节目试演后，公司根据观众的调查问卷结果，将“蹬板凳”节目的炫技时间缩短。负责与外方沟通的上海杂技团人力资源部副主任赵雪说：“这个修改让我意识到，一个杂技节目的吸引力并不在于制作方认为它应该是什么样子，而在于观众认为它应该是什么样子。难度固然令人赞叹，恰到好处却更能留住观众。这也会成为今后我们制作节目的理念。”

在随机调查采访观众中，上海杂技团惊讶地发现：最打动法国孩子们的节目不是高难度的“大跳板”，也不是充满动感的“独轮车技巧”，而是猪和鼠充满诙趣的“转盘子”，一张一张桌子上数十个飞转的盘子在将静止之际总能恰到好处地被气急败坏的猪和猴子再度转起，配合着急速音乐和两位演员夸张到位的形体表演，让观众乐不可支又难以勘破其中的奥妙。

蔡荣华也在边看边想。他说:“杂技的理念，国外走在更前头。他们更重视美，和美比起来，难在后面。上海杂技团在美和难的处理上已经很注意，但国内很多地方还是把难放在第一位，美和趣在其次。”

蔡荣华想起2009年春节晚会时，原本上海杂技团设计的表演方式是这样的:几个小演员正在日常训练，有的把杆压腿，有的耍着飞盘，忽然，音乐响起，他们随手把直杆取下，一个小女孩轻如乳燕般跳上杆，两个男孩嘻嘻哈哈地把她抬了起来，向空中一抛……让高难度的动作在谐趣又即兴的氛围中完成。但节目导演审看后不中意，传达过来的意思很简单:只有三分钟时间，表现你们难度最高的技巧就行了。于是，观众看到的最终成品是上来就跳、像一套广播体操似的标准起落。

蔡荣华认为，今天如果还仅仅用杂技来表现“难”，就会限制杂技的明天。

“一直这么以‘难’字挂帅下去，中国杂技的发展肯定萎缩。为什么？杂技这个行当其实对人的身心是有摧残的。有的演员一身是伤，有的女演员练的是蹬人节目，一些动作需要蹬到她的肚子，蹬个十年下来，影响了生育。像这种摧残人的节目、技巧，我看必须要淘汰。”

“其次，一成不变，再难的节目人家也会看腻。你又没有故事，又没有文化内涵，最后还就是个天桥卖艺的节目形态，今天谁会愿意买单？”

在蔡荣华看来，只要有创造力，杂技可以是最美的艺术表达手段。今后上海杂技团的发展方向是向国外的太阳马戏、凤凰马戏学习，学策划，学包装，学会创造“美”和表达“美”。

但是，谁也不敢说，在中国杂技的基因里，有没有“美”的愿望和能力。

重返光明街

2008 年，汶川大地震发生两天后，我飞往成都，预备与前线同事汇合赴灾区报道，却被领导遣回，理由是“太危险，女生不方便”。当年 8 月至 10 月，我被派往上海对口援建的都江堰报道灾后重建，并因此认识了“妈妈之花”等公益组织，发表一组“失亲再孕妈妈”报道，持续关注着这个群体——以及被困在这个群体之外的、更被遮蔽的个体。此文的写作堪称“不专业”的典范，我无法回避主观视角，也不想回避主观视角，感谢文汇报的宽容使之见报。于今回顾，“重访光明街”是我在文汇报工作十年以来最珍贵的经历之一。

我永远忘不了这一天，2009 年 3 月 25 日晚十一点，都江堰市区，我和同事从吕欣然家中出来，到街上拦车。整条街都在停电，没有路灯，一片漆黑，大地震后的第一个春天，野草和灌木在残破的地面上生长着。天空下着细雨，我的眼睛看不见，只感到脸上凉丝丝的。离开吕欣然时，她正在大量流鼻血，哭着恳求大人再带她去成都市里输一次血。母亲张华琼大着肚子，处于两难之中，预产期在 4 月 10 日，家里仅剩的几千元钱如果在这时候花出，就没钱生孩子——新生儿原本是为了取脐血救治姐姐才来到这世上的。

如果不是当地志愿者组织关注地震致贫的病患儿童群体，我根本也不可能知道还有像吕欣然这样的孩子：在正常情况下，她该有机会募得社会善款进行治疗，但地震发生了，成千上万的生命更需要救治。她和她的家庭陷入注意力的“真空”和资源的“盲区”……车缓缓移动，车灯映亮了这条街的名字：光明街。说不上为什么，我的胸间涌上一阵绝望、悲愤、讽刺和茫然相混合的感受。我不知道住在光明街上的吕欣然能否再见“光明”。

又是两个春天过去了，这一家人身处何境？我想，应该是重返光明街的时候了。

吕牛牛

2011 年 5 月 7 日，星期六，都江堰市的白天最高气温达到 32℃，住在灌口镇解放社区光明街 171 号的张华琼一家都已经换上了短袖。吃罢午饭，张华琼在前，丈夫抱着两岁的儿子牛牛在后，出了家门。下到一楼，左拐，穿过底楼过道，就到了张华琼开的靓影美发店。

前后打通是光明街的特色。沿街两边楼房的底楼大多被附近居民租下开店，卖童装的，修钟表兼配锁的，定制窗帘的，喷绘广告图文的，做肥肠粉的，颇为齐全。

店门没锁，已经有位老人进来等着，是常来的，自己择了个座位向里坐着。“来了好久？洗头呀？”张华琼赶紧笑着招呼，殷勤地掸了掸洗头椅上不存在的灰。洗个头只收几块钱，但洗得好便留住了客源，张华琼一向不敢怠慢。开了热水，打上“海飞丝”，娴熟地揉出泡沫，稍作按摩，仔细地冲净。此时，丈夫已经径直穿过店面，站在门外，抽烟，看牛牛满处乱跑，看着就笑。他的职业是出租车司机，但没有自己的车，同行有事不能出车就给他打电话，暂租给他一天半天。今天还没有接到电话。

洗完头，张华琼让老人换一把椅子躺下修面，牛牛跑进店里，忽然对湿头发感兴趣，伸手去抓，张华琼绞着热毛巾，连声呵斥。老人笑道：“没得事，没得事，娃娃聪明。”

牛牛就是张华琼生的第二个孩子。十一岁的吕欣然在我们走后的第三天辞世，距离牛牛的预产期仅仅两星期，生命的接力，断开于可望而不可即。张华琼已经能用很平常的语气谈论去世的女儿。丈夫的手机里有一段视频，录的是吕欣然生病期间恢复较好的一次，在病床上吃锅盔，边吃边向爸爸妈妈撒娇，咂嘴，吐舌头，扮鬼脸。张华琼抱着牛牛，给他看视频里那个有着和他一样的大眼睛和长睫毛，同样贪吃爱玩的神情的女孩。

“牛牛，看这是哪一个嘛，”她自问自答，“是吕欣然，对不对？吕欣然。”

牛牛对这个名字并不陌生，他伸出胖短的手指，抬头问：“姐姐？”

犹豫片刻，张华琼转向记者说：“实际上生下牛牛才知道，他是O型血，像他爸，欣然是A型血，随我。他和他姐姐根本就配不上型。”全家人最关心的事有了答案。

光明街

故事从头说起。

张华琼是乐山人，眉目秀美，说话轻声细语，手脚很勤快，十几年前嫁到吕家时，邻居都觉得这个小张和个子高高、相貌帅气的小吕是十分般配的一对，会有很幸福的小日子。那个时候，他们还是农民，有一亩五分土地。

此次造访，记者从街道干部的介绍中得知，光明街的历史很短。1992年底，随着城市化进程的需要，这一带土地被征收，失地农民的安置房集中于一块片区，即由都江堰光明建设集团开发建设的一条长一千五百米、宽十五米的街道，并按照企业的名字命名为“光明街”。1993 年 3 月，第一批洗脚上岸的农民签约入住，成了光明街上的居民。

2004 年 6 月，张华琼一家搬入光明街 171 号一栋单元房四楼的三居室，按照人均四十平方米的标准，每个人得到一万元安置费。

在他们身后，永远告别了的田园正在化为市域地图上新增的街道，在面前展开的是新鲜的生活。长得像洋娃娃般可爱的吕欣然入读灌口镇皖川小学一年级，婆婆在家每个月可以领三百多元社会保险金，丈夫开上了出租车，有车开的话一天能挣一百元左右，奔头是能开上自己买的车；张华琼学了剪发的手艺，在自家楼下租了铺面，每个月挣七八百元，扣除二百左右的租金，交掉水、电、煤，还能积少成多，存点积蓄。像许多失地农民一样，凭借政府发放的安置费和优惠政策，这一家人自谋生路，在城市的边缘扎根。

光明街的生活十分平静，甚至可以说是平淡。这里不靠近都江堰闻名天下的青城山、二王庙、灌口等旅游景区，与城市经济政治中心也远，唯一的利好就是街西头搭着一环路景观道，但由于这条街太窄、太短、太普通，引不起投资客的兴趣。只是拐个弯的距离，光明街上铺位的租金硬是比景观道上的便宜一半。

解放社区的四位社区工作人员搜肠刮肚，想不起这条街上曾走出过什么名人，或发生过什么大事。“居民有五六千人，差不多相互都认识，以农民为主，就是农家的小生活，在沿街的铺面做些小生意，原则就是能经营就经营，不能经营就再租出去给别人经营。”年轻些的王某描述说。

要说有什么特点，财务刘某想到一点，“2004年，原先的村民就全部‘农转非’了，五十岁以上老人一次性缴四千九百元之后每个月能拿到一笔社保的钱，最近这笔钱已经接近一千元了。”老一辈的农民对于能有这样的后半生都很知足。

吕欣然

并非每个家庭都能享受到平静。搬入新居一年后，吕欣然出现感冒发热的症状，始终不退烧。2005年6月2日，确诊为白血病。这让刚开始的新生活一夜冰冻。“可以说最遭罪的事发生在最可怜的人身上了。”家里的老人说。

吕欣然办病休离开学校时，一年级的期末考试还没有考。在成都华西医院做一次配型移植要三四十万元，是这个家庭无力承受的天价，只能通过系统化疗。因为收入太少，张华琼陪护女儿看病之余，并不敢关掉理发店。有一次，给一位来过几次的客人洗头，说到自家的事情，张华琼哭了。不料想对方说道，我认识一位企业老总，我去想想办法，看能不能让他给欣然捐点钱。

真的有人捐钱了，2005年9月20日，岷山房地产有限责任公司和成都星月置业有限公司共同为欣然捐款1.2万元。在互联网上，还能看到都江堰本地报纸《都江堰信息》当时的一篇消息，末尾写道："在这充满爱的社会里，只要您伸出援助之手，小欣然花蕾般的生命就有希望继续绽放。《都江堰信息》特开通捐助热线：8711****、8713****。"这是可以查到的吕欣然公开获得的唯一一次社会救助。

少量的捐款和大量的外债，求生的欲望和乐观的天性，支撑着吕欣然从七岁活到十岁。她的生命力十分顽强，和她同时住院的患病孩子多半在一年左右的时间里离开人世。病床空了，又满了，来的都是新面孔。起初，欣然会问，他们都上哪儿去了？后来她不问了。她说："我要打针，我要吃药！"

她是世上最配合医生的病人。每次化疗都吐得遭罪，两只手臂因大剂量输液肿得乌青，张华琼掉眼泪，吕欣然朝她笑。病情时好时坏，欣然就断断续续去上学，老师不要求她的成绩好。她爱和同学待在一起，热衷学校里发生的大小事情，她从来不信自己会死。

"5·12"

指针跃至2008年5月12日下午两点多。

欣然上午刚从成都化疗回来，在四(2)班的教室里上课，这个时候，母亲张华琼在店里给人理发。小街的所有平静被来自地下的大破坏打碎，刹那间，离理发店不足一百米的光明街 108 号水电十局家属宿舍区垮塌一栋楼、倒下一栋楼，几十人埋在瓦砾下。

2010 年，有人往优酷网上传了标题为“想起那恐怖时刻，大地震后几分钟都江堰光明街上的情景”的视频，2 分 02 秒的手机拍摄画面中，四处都是奔走呼喊的声音、汽车的鸣笛，有人趴在水电宿舍区垮塌水泥堆的缝隙前重复着一个人的名字，要他“坚持到底”，有人在清理路面，有人在议论“咋个送医院，听说医院也垮了”，有人感叹“全完了，完了”，有人与朋友打电话后大声宣布“南充，南充也地震了”。踩三轮车的把车停在斜倒的树旁，受惊的老人坐在遮阳篷下喘气，额头流血的妇女似乎并不在意自己的伤，呆呆地站立着……

这段视频里没有出现张华琼的身影，尽管她可能正从画面边缘跑过。大地一不摇了，她就往学校跑去。到了学校，看到的景象是“娃娃们哭成一片”，她当时觉得，“全家人都没有生存的活路了”。

万幸的是，大自然的暴力竟然没有损伤吕欣然柔软的生命，至少表面上没有。欣然所在的教室在二楼，她是被老师带下来的，毫发无损。但地震翻覆了病中女孩的平衡，把她内心从未正眼瞧过的死亡推到她面前——水电职工家属区里被砸死的两个孩子，她认识，

"说没就没了"。震后很多人都有应激反应，怕晃、怕摇，吕欣然更怕，即便只是沙发动弹两下也敏感得很。

大地震带给欣然父母的是另一种现实：原本"特别"的欣然不再特别了。

在震后初期，整个都江堰市，整个灾区，摊开在沸腾的焦灼下烤晒，生命号角日夜吹奏，救援的车队千里驰援，举国之力倾往受灾群众。在纵密交织的灾区地理中，都江堰光明街就像一根纤小的毛细血管，太容易被忽略，更遑论这根毛细血管中一个患病的血因子。门口的景观道是都江堰城市主干道，但运载着救援物资的车队很少会在光明街停下，社会善款的流向也向更显著的标的物而去。有一个说法是，光明街得到的物资援助是全都江堰社区里最少的。财务是这么解释的："我们这里在方位上不顺路，地方又小，人家自发来送东西的，在这找不到接收点。"

这些进城不久的人们渡过难关的办法是"自食其力"。灾后两个月不到，基本的生产生活秩序便恢复，乃至沿街的铺面也都在电力供应不足中重新开张。震后表彰，光明街所在的解放社区领到"抗震救灾楷模"先进称号的锦旗。负责灾后重建工作的社区工作人员李某带有几分悲壮地向我强调："为什么我们是先进？因为这里的居民采取自救方式，不伸手，不给国家添麻烦。"

时间差

2008年9月，四年级上学期在新建的板房里开学，但吕欣然和别的孩子不一样，她不能闻到一丝化学的气味，只得继续待在家里。

像长跑到了最难以度过的瓶颈期，吕欣然的意志力陡然下降。这也验证了临床医学的一个规律，即患白血病的儿童经系统化疗三年到三年半左右，恢复起来比较容易。过了这段黄金时间，情况恶化明显。她晚上咳嗽，一夜下来，床边的纸箱里放满纸团，血渍斑斑。精神也差，吃饭要喂，爱笑爱说的个性几乎被抑平。

张华琼一直有所准备，但这一次她感到时间可能真的到了。她看了那年一部叫《左右》的国产电影，电影讲述一对离婚的夫妇，妻子带着孩子过，孩子生病了，需要来自亲缘的血液配型，最好是脐带血，妻子去找已经再婚的前夫，要和他再生一个孩子，故事由此展开。张华琼特别能理解这部电影里的母亲，她也动了再生一个的念头。尽管新生儿匹配欣然的概率只有百分之二十五，但值得一试。

2009年春节后，租金上涨，怀孕七个月的张华琼把理发店关了。她给新生儿搜罗了一些旧衣服，奶粉不舍得买，准备喂母乳。欣然知道张华琼怀孕意味着什么，精神好的时候，她要求趴在妈妈的肚子上细听。张华琼转述她的原话："好希望弟弟妹妹快生出来，我就可以配型了！"

预产期在临近，吕欣然的险情也在临近。仿佛有两种力量在争夺着时间。2009 年 3 月 19 日，病情恶化的吕欣然被送往成都，输了一袋血小板、两袋血，三天花了六千元。张华琼还有三千元，是她预产期 4 月 10 日那天在都江堰保健站必须要花的钱，存脐血的费用她还没筹到，有人告诉她大概需要四千八百元，其中有两百元是来回成都救护车的费用。

我见到他们的那天晚上，母女俩刚从成都回来没几天。欣然的情况非常糟糕，在沙发上向里躺着，但并没有入睡，痛楚已经包围了她，她小声地、勉强地、像只小猫一样呜咽着，嘴唇沉重地翕张。张华琼坐在侧面轻轻替她擦拭、更换纸巾。欣然对妈妈肚子里的弟弟妹妹似乎已经不再抱有太大的希望，只是发出让人喘不过气来的泣求："妈，求求你送我到川医。"她全身的力量寄于再输一次血，盼能缓解苦难。

接过我匆忙翻出的钱包里的所有现金，张华琼一个劲地道谢，挺着大肚子坚持要送到楼下陪我等出租车。开车之际，竟然还摸出十几元车资，想以此感谢"好心人来看欣然"。

车灯映亮了一片金黄的、小刺般的雨。

……

以下是在两年后，我重新坐在吕家沙发边，得到的追叙：第二天，她们去了医院输血，但无法扭转光亮的淡去。“欣然一直思维清晰，我们说着话。她说，课补不上怎么办，学习吃力怎么办，好舍不得离开同学哟。我安慰她说，没得事，暑假给你请家教，一定赶得上。我晓得，她能不能撑到暑假，真的好难说。”

第三天，女孩欣然去世了，临走前，眼睛里也流出了血。两星期后，牛年出生的牛牛出世，足有七斤九两，是个十足的大胖小子，妇幼保健医院里一个房间的好几个新生儿，数他的哭声最洪亮。

十几天里，三十二岁的张华琼悲喜轮回。

延长段

生完牛牛，张华琼回到光明街上一看，垮塌的水电十局职工区已经全部搬走，另外几栋在地震中受损严重的危房已拆除重建，这些标志物的消失，驱散了曾经给人带来阴森恐怖感的往日记忆。

休息了两个月，她重新开张了理发店。

原先的小店是没有名字的，老店新开，她在门上贴了“靓影专业美发”几个字。店面不大，就她一个理发师，倒在墙上装了四面镜子，留了四个理头位，平常生意应该不错。“还欠了亲戚朋友六七万元，好在我们两个还年轻，有事做就能慢慢还上。”她把怀孕时都没舍得剪的一头长发也削短，干净利落。她的心情是明亮的，“再忙再累，看见娃娃就不累了。”

小街似乎有时来运转的迹象，临近景观道的西头建起了都江堰眼下十分流行的仿古风格的商务楼，空气中弥漫着淡淡的味道。更显著的变化发生在东头，光明街正在变长，向二环路延伸。根据规划，光明街延长段将接通都江堰市的二环路和一环路，路通人和财气来，这是这条小街能够看得到的发展未来。

“现在都江堰市里人说光明街，晓得的都是新增的这一段，因为这一段打造饮食一条街，有中餐、火锅、面食，特别热闹，下午四五点到半夜十二点都有好多人，和市中心的啤酒长廊都可以竞争了。”年轻的社区干部很乐观。李某开玩笑地一摊手：“地震之后有段时间无所谓还震不震，也无所谓生死，现在不一样了，有点舍不得啰，怕再震，不要再震啰。”

另一个值得光明街骄傲的是街史上终于有了一位大人物的到来。李某问记者：“你知道新建小学吧？它移址重建后，现在的后门就开在光明街延伸段上。2009 年 9 月新学期开学，温总理来新建小学视察，我们都去看了，好激动哟！”光明街上的人每次经过新建小学后门，都会放慢脚步，那开阔的校园和庄严的教学楼，似乎保证了安全和稳定。

黄昏，我再次从光明街走过，再次想起了吕欣然。但愿吕欣然在家人的想念中活着，但愿小街理发店里的一家能过上好日子。但愿光明街从此与光明同在，因为它是如此不起眼的一条街，因为它是如此普通和平淡的一条街，因为它曾在不为人知的黑夜中唱过那些悲伤与希望的歌，因为它让我们见识了在国家的肌体中一根毛细血管所能达到的尊严、善良和韧度——而竟不意识到自身的伟大。

后记：鱼刺

1

这是淮海路周边密如织网的某一条弄堂里发生的真事。

1985 年的春节，一个上海人坐了几天几夜的火车，从新疆生产建设兵团回家探亲。现在他坐在圆台面中心，灶披间七瓦灯泡竭尽所能放光，请你用自己的经验和想象来勾勒这一桌平民盛宴的菜色，草头圈子、八宝辣酱、白斩鸡、糖醋鱼……几分钟后，男人捂着喉咙站起来，扑向厨房水槽。他被送到附近的瑞金医院，宣告不治。是夜，家人的号啕大哭传到隔壁病房，一个年轻女人从寒梦中惊醒。

因为他卡了一根鱼刺。其实只是很小的一根刺，但是他在新疆太久没吃到鱼了，舌头不敏感了。我妈宣布答案，下了一个简短有力的结论，然后就起身收碗。

我坐在这个尾声的余波中。涟漪一层层荡开，就像是在戈壁滩和盐碱地上升起了海市蜃楼。这是个极简版的好故事，它的魔力在于附着于一桩真事的胴体来安放群体中间那些隐秘的情绪。南方就是一尾鱼，在草色夹岸里灵活地游动，游到水箱里，游到水盆里，游到浙江人、江苏人、广东人和本地人聚合演化而成的精细灵活的口腔里，那张嘴会说又会吃，一心多用，玻璃般玲珑。孩子还只有几岁的时候，就开始尝试鲜鱼肉，大人充满期待地启发：蔑蔑伊[1]，有刺吐出来。无师自通的孩子会被摸头表扬聪明。学会吃鱼就像学会骑自行车和游泳一样，技能点终身所有。

那尾鱼吃完了又生，生了又被吃，可是最终卡在一个例外上。那是干涸的幻象，也是苦涩的终极。

我想，1985年的那一夜，在医院里传播这个故事的人们真是默契。他们朴素又矫情地替死者发声，控诉一个人的舌头的表层细胞为异质经验所修改，但那柔软而飘忽的编织，让一切实指都扑了个空。这让我想起十几年前，偶经北京西路、泰兴路一带拆迁区域，暮色中远远见到一片快要被拆成鱼骨头的房顶上挑起两盏大红灯笼，门两边各贴喜气洋洋的对联，野风一吹，简直聊斋。这是干什么？我惊叫。同伴并不奇怪，告诉我，这是丧事喜办。腾挪的智慧。

1 蔑蔑伊：上海话，意为“用舌头小心地感受”。

一阵细雨落下来，几乎还没落到我们头顶，就被风扬到另一边去了。

2

让我们回到1985年正月的那个夜晚，被这根鱼刺折磨得睡不好的那个年轻女人，就是我妈妈。她之所以出现在瑞金医院，是应她的长姊写信召唤，从南昌回上海陪护其开刀住院。或因此而有了“不吃闲饭”的心安理得，我妈带上了两岁的我，住进陕南邨那间狭小居室，窗外是她十六岁下乡之前未改的洋派马路。尽管早已认可了命运安排，她仍然时常哀伤自己再也无法理解淮海路上的风尚，而自她以上的几个美貌姐妹，也自甘退出了法国梧桐树下的长长T台。过年，从湖北、江西、黑龙江几路汇聚在这个屋顶下，宁波人式的热闹，大声远传，叽叽喳喳，交换的是实惠，以驱散这座城市伫立在灯火中投下的长长的同情的影子。那个年月家家户户皆是如此。成年后的我不再问妈妈如何看待自己和上海的关系，她把那根标记着凄惶的鱼刺记了三十多年，可能就是答案。

话说回来，我是否投射了过多自以为是的情绪在她这代人身上？我想起，妈妈还讲过另外一个故事：也是在陕南邨，对面三楼有个老头，喜好在入夜后拉二胡，他有一儿一女，都生得清秀俊美。七十年代的一天，我妈在窗前闲望，看见那户人家的女儿也探亲回来了，样子没什么变化，但奇怪的是，她不说话，打哑语。邻居传来消息说，在外地农忙太累，躺倒田边，水流灌注未加注意，造成中耳炎，又延误治疗，导致失聪。我妈向我重复了一遍这个故事的要义：一个好好的漂亮女孩子送出去，变成聋子回来。

我在心里飞快地问了个无意义的问题：那老头还拉二胡吗？

耳边琴声轰鸣，在声音的废墟之外，夜色波动如海。

我想，上一代的人，可能都因为有这些更残酷的事例在前面映照着，而更加顺纳了自己的当下。搁置的痛苦被日脚磨为细小的鳞片般闪动的粉末，在生命的传承中不经意顺流而下。

九十年代一个暑假，相约一同探亲回沪的妈妈和姨妈带着我和表弟，在正午溽热中逛街。进了一个百货商场，她们把我们放在扶梯边，去抢柜台上一圈各色处理女单鞋。我和表弟无聊，电动扶梯上到二楼，又从二楼下来，循环到第二遍时，旁边一个老头讪笑说：你们这两个小人，没见过扶梯吧？我那时已经有点儿敏感，知道这不是什么好话，心里猛地一沉，但无法回击，此时妈妈和姨妈一头汗地挤出人堆，提着鞋盒，满脸喜色，不及喘定，掀开盖子让我看，莹白鞋面上一朵珠花，确是好看。但我只感到浑身不耐烦。我和表弟诉说，刚才有个老头以为我们没见过扶梯！妈妈们心不在焉地说：“是吗？啊？”

老头早就走了。身后的扶梯还在无穷无尽地推陈出新。

3

自从十五岁回到上海后，在我见过的许多同龄人中，既能准确嗅出同一类人的气息，也惊讶发现同为八〇后“上海小孩”群体里也有那么多深刻的不同际遇，也在不断地脱壳、分裂、迁徙，也充满了欲言又止。

小时候挤弄堂石库门，长大后终于住进有独立煤卫的新村房的；

生在一室户新村房，长大后住进了父母买的西区别墅的；

住普陀、闸北、徐汇工人新村群的；

为了上学近借住在亲戚家的；

住高校教工宿舍、筒子楼的；

洋房里出生、长大，离开上海，远洋阔别的；

而一些松江、闵行、青浦、崇明甚至杨浦的，竟然有的也自认为不算正宗上海人——他们打着哈哈自谑为“镇上的”——在我看来怎么就不是呢？

别问，问就是那根鱼刺。

长大后的世界里，身份问题暂时缓解，但永远尖锐悬置。“上海”身份有其特殊性与普遍性。我指的是，上海这样一个伫立在近现代历史一线的码头城市，每一时每一寸都在变移。这种“魔性”注定了它不会是任何一个人的原乡，注定了它永远有秘密和遗漏，永远有异质性，永远让生活在其中的人感到陌生与焦虑，但又不断感到自己与之相联的那一部分在召唤着安放的冲动。在今天这个浪潮涌动着碎片、人的迁徙与移动频繁发生的时代，“上海”就是这个世界的缩景与隐喻，身份与身份的再界定是现代艺术、文学和各种运动的根本动机。

我在职业生涯中——我称之为以“不断提问题”为工作的十年时间中，对一个个“现成的人”的不信任与不满足不断跑出来，以问题的形式弹出去。现在回过头来看，我的那些关于身份的问题仿佛是始终的、唯一的问题，而我的受访者们毫无保留地把过去打开给我看，把他们的痛苦与裂变描述给我。他们给予我的丰富、真诚的答案，一多半呈现在我的这本非虚构集子中，一少半永在我心。答案不会让追问终止，而是推动改变发生。

阿赫玛托娃有一句诗，“当天空透明的时候，他嗡嗡地振动着羽翅，看我跟乞讨的人，怎样把硬面包分享”。[1]

感谢慷慨把“硬面包”分享给我的所有的受访者，是你们让我的工作与写作蕴含了神性。

在此，我还想郑重地感谢我受业路上的前辈师友、同事、伙伴、朋友。收在这本集子中的文章多来自于以下这几个发表平台：《正午》《读库》《北京晚报》《北京青年报》《文汇报》《单读》，感谢我的原发编辑郭玉洁、张立宪、孙小宁、颜菁、郑蔚、罗丹妮，他们的宽容和指点，使这本集子成为可能。

感谢已仙逝的文汇报副刊《笔会》两任主编刘绪源、周毅。在我认真地学当一个记者、偶尔涂几笔竟然敢投给《笔会》时，是他们温厚、热情地接纳了我，让我一直没有脱离文学的情绪。

感谢张新颖教授。自中文系本科阶段在课堂上认识张老师以来，我受益良多。于今，我已是中年人，还能领受到作为学生得老师赐序的福分——我不由得想，我攒这本集子，或许正是为了得到这样

1 《站在天堂的白色门口》，乌兰汗译。乌兰汗即著名俄文翻译家高莽先生，作者于 2010 年夏天在京拜访和采访了他，临行高莽先生送笔者一本 1991 年外国文学出版社出版的《爱：阿赫马托娃诗选》。《站在天堂的白色门口》一诗摘自这本诗选。

的一篇序——意味着张老师给的 A。

感谢张涛甫教授。在工作一段时间后，我于 2013 年重回复旦园，在张老师门下研读新闻学，张老师为我指明了非虚构写作研究的专业方向，使我的过往与未来通过学术桥梁得以贯连。

感谢《收获》主编程永新先生。他曾经是我的受访者，帅气，潇洒，温和，亲切，才华灼灼，而后他成为我在文学编辑道路上的明灯和引路人。

感谢上海文化发展基金会。在这本集子还是一个想法、一个雏形、尚未明确出版方时，就给予资助和鼓励。

感谢活字文化的陈轩。他是文汇报副刊《笔会》的铁杆，我们在豆瓣上相识。十几年前的一个夏天，在中戏小剧场的胡同外面“接头”时，我在古城暮色中看到一个背着双肩包的男孩走来，一开口，略有些大舌头，摇头晃脑，常笑得喘不上气来。没有想到有一天，他会成为我的第一本非虚构小集的推手。

感谢张悦然女士，2016 年，我在北京采访她后，她为我推算星盘，其中有一句话我一直记到现在，她说，“你不能总是站在人群背后”。于是，我仍然在人群背后，但真的勇敢了那么一些。

感谢郭爽，她把“必须写下我们”这个原本是她的新书分享会的主题授权给我作为集子的书名来使用。我愿这本书对得起如此热忱的宣言。

感谢我的责编尹然女士，她的细致、睿智，使我不安的心安顿下来，于此留伫。

2022 年 6 月 14 日